Wanderführer
für Wetterau und Vogelsberg

Wanderführer für Wetterau und Vogelsberg

Wanderungen mit dem
Vogelsberger Höhen-Club (VHC)

Bearbeitet von Werner Reitz
Herausgegeben vom Vogelsberger Höhen-Club e. V.

Brühlscher Verlag Gießen

Titelbild
Blick über Schotten und Michelbach zum Hoherodskopf (764 m) mit den Sendetürmen

Gesamtherstellung: Brühlsche Universitätsdruckerei, Gießen

ISBN 3-922300-34-0

Inhalt

Seite

Vorwort 9
Übersichtskarte 10

Teil I

Die Landschaft des Vogelsberges
Geographische Lage 15
Erdgeschichtliche Entwicklung 16
Naturräumliche Gliederung 20
Niederschläge und klimatische Verhältnisse 24
Schlußwort 25

Die Pflanzenwelt
Artenvielfalt in der Krautschicht der Laubmischwälder . . 26
Flora des Hochmoores 28
Teichflora 30
Wiesenflora 30
Pflanzengesellschaften in der Agrarlandschaft 32
Die Heckenlandschaft 32
Nachbetrachtung 33

Die Tierwelt
Säugetiere 36
Vögel 38
Amphibien und Reptilien 40
Fische 41
Wirbellose Tiere 42

Geschichte und Baudenkmäler 46
Natur- und Landschaftsschutz 53
Der Naturpark Hoher Vogelsberg 58
Das Künanz-Haus auf dem Hoherodskopf, eine wissenschaftliche Forschungsstation 59
Das Naturschutz-Informationszentrum Vogelsberg auf dem Hoherodskopf 62
Der Vogelsberger Höhen-Club e. V. – seit 1881 Dienst an der Heimat 63

Teil II
Wanderungen mit dem Vogelsberger Höhen-Club e. V.

Wandern und Wanderwege durch die Wetterau und den Vogelsberg

Wanderungen auf durchgehenden Wanderstrecken des VHC Seite

①	Von **Gießen** über den **Hoherodskopf** nach **Wächtersbach**	94 km	70
②	Von **Butzbach** nach **Fulda** auf dem Europäischen Fernwanderweg Nr. 3 (Atlantik – Ardennen – Böhmerwald)	91 km	72
③	Von **Nidda** über den **Hoherodskopf** nach **Ulrichstein** .	35 km	76
④	Von **Laubach** über **Schotten** nach **Hartmannshain** .	30 km	78
⑤	Von **Gedern** über **Schotten** nach **Ulrichstein**	26 km	80
⑥	Von **Schotten** über den **Hoherodskopf** nach **Schlüchtern**	47 km	82
⑦	Von **Echzell** über den **Hoherodskopf** nach **Hochwaldhausen**	48 km	84
⑧	Von **Bad Nauheim** durch die Wetterau und über den nördlichen Vogelsberg nach **Schlitz**	96 km	86
⑨	Von **Langenselbold** durch das Ronneburger Hügelland und über den **Hoherodskopf** nach **Lauterbach**	87 km	88
⑩	Auf dem Vater-Bender-Wanderweg von **Frankfurt/M.** über den **Hoherodskopf** nach **Alsfeld**	118 km	90
⑪	Von **Herrnhaag** nach **Fulda** auf einem Teilstück der alten Handelsstraße Mainz – Fulda, der »Hohestraße« . .	70 km	94
⑫	Von **Friedberg** durch die **Wetterau** nach **Gelnhausen**, eine Wanderung zu historisch bedeutsamen Stätten zwischen Usa und Kinzig	48 km	96
⑬	Auf dem **Limeswanderweg** durch die Wetterau von **Butzbach** bis nach **Groß-Krotzenburg am Main** . . .	91 km	98
⑭	Von **Gelnhausen** im Kinzigtal zum **Hohen Vogelsberg**	50 km	102
⑮	Von **Wächtersbach** im Kinzigtal nach **Homberg** an der Ohm	84 km	104
⑯	Von **Blankenau** im Lüdertal nach **Glauburg-Stockheim** in der Wetterau	50 km	106
⑰	Von **Schlitz** über **Lauterbach** zum **Hoherodskopf** . .	47 km	108
⑱	Von **Alsfeld** über **Schloß Herzberg** nach **Lauterbach**	35 km	110
⑲	Von Jugendherberge zu Jugendherberge, eine 6-Tage-Tour durch den Vogelsberg von **Gießen** nach **Fulda**	121 km	112
⑳	Über Höhen und durch Täler des westlichen Vogelsberges. Eine 3-Tage-Tour von **Grünberg** nach **Büdingen**	56 km	114
㉑	**Wanderungen auf den Hessenwegen**		116

Eintägige Rundwanderungen auf Wanderstrecken des VHC

			Seite
(22)	Rundwanderung vom **Hoherodskopf** durch den **Oberwald** zur **Niddaquelle**, zum **Taufstein** und zurück . .	8 km	120
(23)	Rundwanderung vom **Hoherodskopf** zur **Herchenhainer Höhe**, nach **Ilbeshausen/Hochwaldhausen** und zurück	22 km	125
(24)	Rundwanderung vom **Hoherodskopf** nach **Schotten** und zurück	24 km	126
(25)	Rundwanderung vom **Hoherodskopf** nach **Ulrichstein** und zurück	24 km	127
(26)	Rundwanderung von **Schlitz** nach **Bad Salzschlirf** und über den **Steinberg** zurück nach **Schlitz**	24 km	128
(27)	Rundwanderung **Lauterbach – Hainig – Lauterbach** .	7 km	129
(28)	Rundwanderung um **Ortenberg** über die Höhen des **Niddertales**, von **Glauburg/Stockheim** nach **Lißberg** und zurück	22 km	132
(28a)	Verkürzte Rundwanderung um **Ortenberg** über die Höhen des **Niddertales**	15 km	133
(29)	Rundwanderung von **Büdingen** durch die Seemenbachaue zum **Glauberg** und durch Bleichenbach zurück nach **Büdingen**	20 km	134

Mehrtägige Rundwanderungen auf Wanderstrecken des VHC

			Seite
(30)	**3 Tage** von **Gießen** nach **Grünberg** und durch **Laubach** und **Lich** zurück nach **Gießen**	80 km	136
(31)	**4 Tage** im **Naturpark Hoher Vogelsberg** von **Schotten** zum **Hoherodskopf** und durch **Gedern** zurück nach **Schotten**	53 km	138
(32)	**4 Tage** von **Gelnhausen** im Kinzigtal zum **Hohen Vogelsberg** und durch **Büdingen** zurück nach **Gelnhausen** .	106 km	140
(33)	**4 Tage** von **Schlüchtern** im Kinzigtal zum **Hohen Vogelsberg** und durch **Hintersteinau** zurück nach **Schlüchtern**	83 km	142
(34)	**5 Tage** von **Büdingen** zum **Hohen Vogelsberg** und durch **Gedern** zurück nach **Büdingen**	103 km	144
(35)	**6 Tage** von **Grünberg** zum **Hohen Vogelsberg** und durch **Schotten** und **Laubach** zurück nach **Grünberg** .	107 km	146
(36)	**6 Tage** von **Schlitz** nach **Alsfeld** und über den **Hoherodskopf** und **Lauterbach** zurück nach **Schlitz** .	113 km	149

Wanderaktionen

Seite

Wandern ohne Gepäck 151

Vogelsberger Wanderpaß und Wandernadel 151

Skiwandern im Vogelsberg 153

Markierungszeichen der Wanderwege des VHC 156

Übernachtungsmöglichkeiten – Anschriften der Fremdenverkehrsämter und Jugendherbergen 160

Ortsverzeichnis 165

Literatur 168

Fotonachweis 168

Vorwort

Mit dem vorliegenden Wanderführer lädt der Vogelsberger Höhen-Club in sein Wandergebiet ein. Es liegt innerhalb des Städtedreiecks Frankfurt/M., Gießen, Fulda und erfaßt die Landschaft der Wetterau und des Vogelsberges. Ein Netz von markierten Wanderwegen, fast 3000 km lang und von Wegewarten des VHC betreut, führt von nahezu allen oberhessischen Städten abseits der befahrenen Landstraßen und fernab von Verkehrslärm durch den Vogelsberg und erschließt dem Wanderer eine Landschaft von vielfältiger Schönheit. Sie ist gekennzeichnet von stetem Wechsel von Wald und Feldflur, von Wiesen und Weideflächen, von Talsenken und Aussichtspunkten, von Bachläufen und Teichen. Charakteristisch für das Vogelsberggebiet ist auch seine Heckenlandschaft.
Der Wanderführer stellt zunächst die Landschaft vor und gibt anschließend dem Wanderer Hilfen und Anregungen für die Vorbereitung und die Durchführung von Tages- und Mehrtageswanderungen. Das Wanderwegenetz, das sich im Gebiet des Hohen Vogelsberges verdichtet, bietet die Möglichkeit, selbständig weitere Rundwanderungen unterschiedlicher Länge, die hier nicht beschrieben sind, auszuarbeiten. Voraussetzung hierzu sind geeignete Wanderkarten, die vom Hessischen Landesvermessungsamt angeboten werden.
Die Wanderwege sind so angelegt, daß sie eine Lenkungsfunktion im Interesse der Landschaft gewährleisten. In der Erwartung, daß alle Wanderfreunde auch gleichzeitig Naturschützer sind, geht daher an sie der Appell, die Landschaftsteile abseits der ausgewiesenen Wanderwege zu meiden und somit den Lebensraum für die freilebenden Tiere und für die Pflanzenwelt zu schützen. So wird es uns gemeinsam gelingen, die großen Chancen des Vogelsberges als Erholungs- und Freizeitgebiet auch für die Zukunft zu sichern.
Ich danke allen Freunden des VHC, die durch Textbeiträge und durch Wandervorschläge an der Gestaltung dieses Wanderführers beteiligt waren.

Schotten, im März 1988

Werner Reitz
1. Vorsitzender des VHC

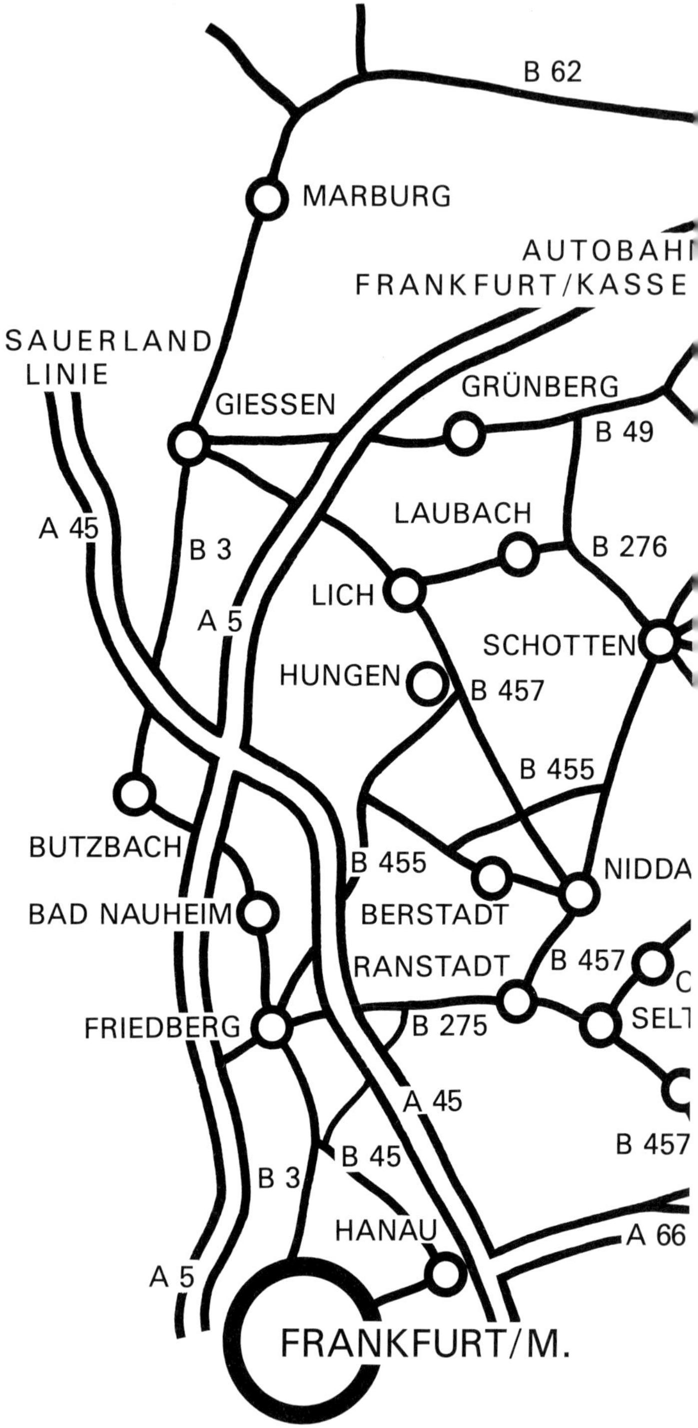
B 62
MARBURG
AUTOBAH
FRANKFURT/KASSE
SAUERLAND
LINIE
GIESSEN
GRÜNBERG
B 49
A 45
B 3
LAUBACH
B 276
LICH
A 5
SCHOTTEN
HUNGEN
B 457
B 455
BUTZBACH
B 455
NIDDA
BAD NAUHEIM
BERSTADT
RANSTADT
B 457
FRIEDBERG
B 275
SELT
A 45
B 45
B 457
B 3
HANAU
A 66
A 5
FRANKFURT/M.

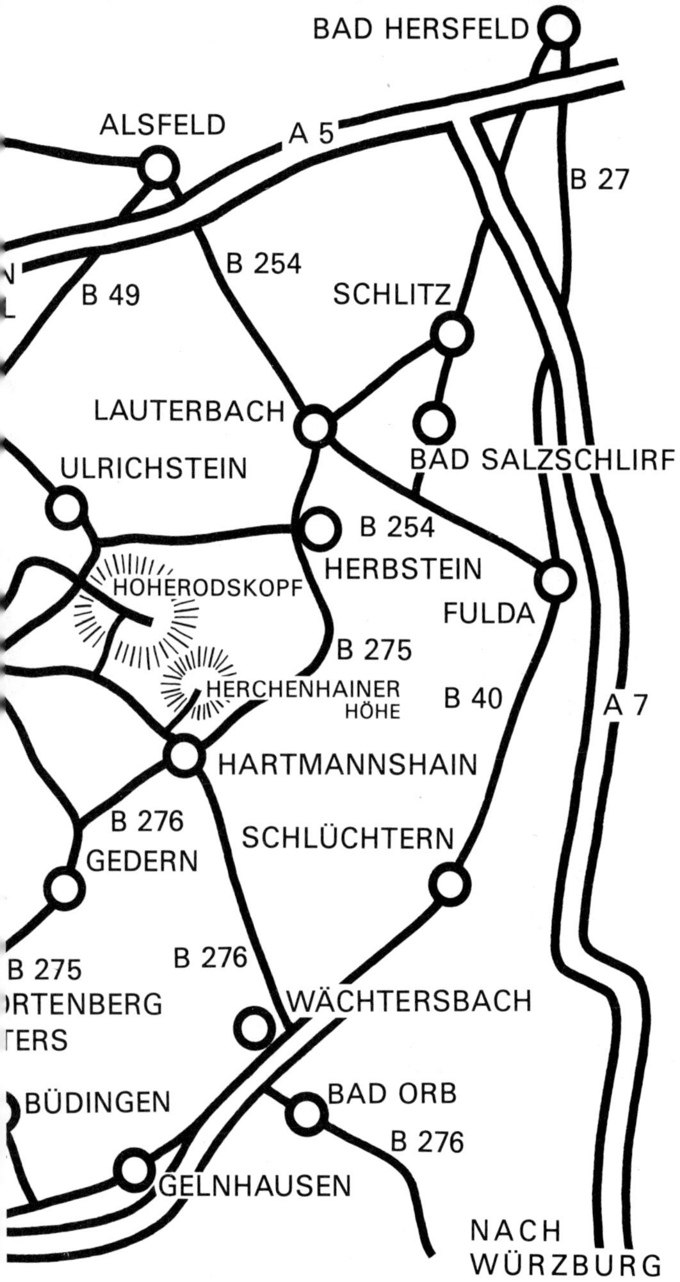
BAD HERSFELD
ALSFELD
A 5
B 27
B 254
B 49
SCHLITZ
LAUTERBACH
BAD SALZSCHLIRF
ULRICHSTEIN
B 254
HERBSTEIN
HOHERODSKOPF
FULDA
B 275
HERCHENHAINER HÖHE
B 40
A 7
HARTMANNSHAIN
B 276
SCHLÜCHTERN
GEDERN
B 276
B 275
WÄCHTERSBACH
BÜDINGEN
BAD ORB
B 276
GELNHAUSEN
NACH WÜRZBURG

Teil I

Die Landschaft des Vogelsberges

Entstehungsgeschichte, naturräumliche Gliederung, Flora und Fauna, Probleme des Natur- und Landschaftsschutzes

Prof. Dr. Heinz Scherf

Die Landschaft des Vogelsberges

Geographische Lage

Wegen seines ihm eigentümlichen, annähernd kreisförmigen Umrisses hebt sich der Vogelsberg von den anderen deutschen Mittelgebirgen auffallend ab. Seine geographische Lage ist charakterisiert durch die unmittelbare Beziehung zum Oberrheingraben, dessen Tektonik sich im Norden entlang dem Ostrand des Rheinischen Schiefergebirges in der sogenannten Hessischen Senke fortsetzt. Zugleich befindet er sich im Süden des Hessischen Berglandes und ist das einzige ganz zu Hessen gehörende Mittelgebirge.
Wenn auch der Vogelsberg im physischen und geologischen Kartenbild markant in Erscheinung tritt, von seiner Umgebung ist er orographisch keineswegs scharf geschieden. Als flache kuppenartige Aufwölbung steigt er lediglich 300–500 m über die umgebenden Schwellen und Senken auf und erreicht mit 773 m seine größte Höhe. Obwohl der Vogelsberg ein in sich geschlossenes Gebirge darstellt, ist eine genaue Festlegung der Grenzen zu den umgebenden Landschaften schwer, da sich nirgends deutliche Veränderungen des Landschaftsbildes abzeichnen. Allmähliche und sanfte Übergänge sind allenthalben festzustellen.
Im Norden erstreckt sich der Vogelsberg bis an das Amöneburger Becken, die Schwälmer Schwelle und das Schlitzerland. Im Osten bilden die Flußtäler von Fulda und Fliede die Grenze. Über das Südplateau, den sogenannten Landrücken, steht er mit Rhön und Spessart in Verbindung. Bis zum Kinzigtal reicht er im Süden. Sein auffallendstes Gefälle hat der Vogelsberg im Südwesten zur Wetterau hin. Die nordwestliche Begrenzung reicht bis ans Rheinische Schiefergebirge. Seine Ausdehnung läßt sich auch durch die an der Peripherie gelegenen Städte Lauterbach, Alsfeld, Büdingen, Hungen und Gießen umschreiben.
Der Name unseres oberhessischen Gebirges hat zu mancherlei Erklärungsversuchen geführt. Wohl 1236 wird es erstmals als Vogilsperg erwähnt. Es mag überraschen, die Bezeichnung »Vogelsberg« mehrmals auch für einzelne Bergkuppen im selben Raum zu finden. So lautete der ehemalige Name des Dorfes Völzberg südwestlich von Bermutshain Fugelesburc und hat Beziehung zu dem 570 m hohen Völzberger Köpfchen oder Fogalesberg. Nördlich von Ermenrod an der Felda befindet sich eine Anhöhe mit dem Namen Veckels- oder Vöckelsberg, und nordöstlich von Ul-

richstein gibt es in der Gemarkung Köddingen den 600 m hohen Vogelsberg, der auch Wahne- oder Wanne-Küppel genannt wird. Um 1340 wird diese Höhe als Volkelinsberg erwähnt, später erscheint sie als Vugalis-, Fugales- und Fogelsberg. Gerade in ihr meinen Erforscher hessischer Orts- und Flurnamen die Namensspenderin für das ganze Gebirge zu erkennen. Interessant in diesem Zusammenhang ist noch, daß die Stadt Schotten im Kernbereich des Vogelsbergs einen Falken im Wappen führt und dort an der Südseite des 1820 abgebrochenen Untertores eine Garbe als Wahrzeichen der Wetterau zu sehen war, die Nordseite des Obertores hingegen das Sinnbild eines Vogels zeigte.
All dies legt nahe, in der Bezeichnung unseres Gebirges seinen besonderen Vogelreichtum hervorgehoben zu sehen, ähnlich wie beim Habichtswald oder Spessart (Spechtswald).

Erdgeschichtliche Entwicklung

Die charakteristische Gestalt verdankt der Vogelsberg seinem Ursprung und den in Jahrmillionen wirksamen Verwitterungs- und Abtragungsvorgängen. Ein gewaltiges vulkanisches Geschehen in der ereignisreichen Tertiärzeit vor 18–10 Millionen Jahren führte zu seiner Entstehung. Als größtes geschlossenes Vulkangebiet auf dem europäischen Festland bedeckt er immerhin eine Fläche von nahezu 2500 km^2. Auf ehemals glutflüssigen Lavaströmen und vulkanischer Asche beruht also der vorherrschende Grauton des Gesteines, dem Einheimischen nur allzu vertraut, dem Besucher auf den ersten Blick eine gewisse Einförmigkeit vortäuschend. Wer aber aufmerksam wandernd sich die Landschaft erschließt, wird alsbald entdecken, daß Basalte und Tuffe in ihrer Ablagerung, in Aussehen und Gefüge recht unterschiedlich sind. Mit dem bloßen Auge, besser mit der Lupe, lassen sich farbige Einschlüsse von Mineralien erkennen.
Vom Kartenbild her wie auch bei Betrachtung aus der Ferne könnte man den Eindruck gewinnen, unser Gebirge mit seiner stumpfkegelartigen Gestalt und allseitigem Abfall sei ehemals ein einziger gewaltiger Vulkan gewesen. Dieser Eindruck täuscht. Wie geologische Forschungen ergaben, war der Vogelsberg niemals ein hochaufragender Zentralvulkan. Sein Aufbau erfolgte über Millionen von Jahren hinweg durch Ergüsse basaltischer Schmelzen an zahlreichen Stellen aus Spaltenaufbrüchen und verschiedenen Schloten ab dem frühen Miozän. Die vulkanischen Aktivitäten wechselten zeitlich und räumlich, wobei Perioden der Ruhe gegenüber Phasen eruptiver Tätigkeit überwogen. Die Orte

des Zutagetretens von Lava haben sich immer wieder verlagert. So häuften sich Lage auf Lage die Lavaströme übereinander, zugleich wurden bei heftigen Eruptionen Massen vulkanischer Aschen ausgeworfen. Ihren Ausgang nahmen die Ergüsse an der heutigen Peripherie des Gebirgsstockes und endeten im Bereich des Oberwaldes, dem Hochplateau. Die verschiedenen Schichten bildeten aber keine großflächigen, ungestörten Decken, sondern es wurden ältere von Schloten und Ergußspalten jüngerer Phasen durchbrochen. Hierbei kam es zu horizontalen und vertikalen Durchdringungen und tektonischen Störungen. So erklärt es sich, daß die vorhandenen Einlagerungen im Vogelsbergbasalt, bei dem es sich um ein mehr oder weniger regelloses Neben- und Übereinander einzelner Decken und Intrusionen handelt, aus Verwitterungsprodukten der Basalte und Tuffe, sowie aus eingeschlossenen Sedimenten des Untergrundes bestehen. Der gesamte Basaltsockel unseres Gebirges ruht auf frühtertiären Sedimenten, die an seinem Rande in Erscheinung treten, wo man auch Buntsandstein antreffen kann.
Bei den vulkanischen Gesteinen des Vogelsberges handelt es sich im gesamten Westteil vorwiegend um basischen Basalt, im Norden und Osten um saure Basalte, auch Trapp genannt. Daneben treten Tuffe in verschiedener Zusammensetzung und Entgasungsprodukte auf. Von geringerer Bedeutung sind die in den Basaltdecken nicht seltenen Phonolith- und Trachytvorkommen. So bestimmt der stete Wechsel der Gesteine und ihrer Lagerung den Bau des Gebirges, und es hat langwieriger geologischer Forschungsarbeit bedurft, die erdgeschichtlichen Vorgänge in ihrem genauen Ablauf und in ihren Resultaten zu klären.
Der aktive Vulkanismus im Vogelsberg ist ferne Vergangenheit, und viel hat sich seit damals verändert. Geblieben sind gewaltige Basaltmassen, die im zentralen Gebiet wahrscheinlich eine Mächtigkeit von bis zu 800 m erreichen. Eine dort niedergebrachte Bohrung durchdrang 490 m Tuffe und Laven, ohne deren Basis zu erreichen.
Am Rande des Gebirgsmassivs, im Lauterbacher Graben, haben wir es mit Gesteinen anderer geologischer Formationen zu tun, nämlich mit Muschelkalk, Keuper und Lias. Auch im Süden tritt an einigen Stellen Muschelkalk zutage.
So wie er sich heute darbietet, mit einem zumeist sanften Abfall vom zentralen Hochplateau zur Peripherie und ohne markante Berggipfel, ist der Vogelsberg das Ergebnis langfristiger Wechselwirkungen zwischen tektonischen Bewegungen und den Kräften der Erosion. Das gegenwärtige Relief haben intensive Verwitterungs- und Abtragungsvorgänge geprägt, welche die Oberfläche

Blockmeer am Geiselstein im Oberwald

derart veränderten, daß die einstigen vulkanischen Strukturen nicht mehr erkennbar sind. Wenn die Vermutung auch nur annähernd richtig sein sollte, der Vogelsberg habe einmal eine Höhe von 1500–2000 m erreicht, dann ist er in der Tat mit seiner höchsten Erhebung von 773 m nur noch ein Rumpfgebirge. Reste alter Schlote und Gangfüllungen sind die Felsen des Geiselstein und Bilstein, der Ulrichsteiner Schloßberg und der Gackerstein, um nur einige zu nennen. Sie heben sich von der Umgebung ab, weil die Schichten, in die sie ursprünglich eingeschlossen waren, längst verwittert sind.
Wie bei ausgedehnten Wanderungen leicht zu erkennen ist, fällt das Gelände vom inmitten des Gebirges liegenden Oberwaldplateau keineswegs allseits gleichmäßig ab. Es treten Stufungen auf, die Abdachung in verschiedenen Himmelsrichtungen ist unterschiedlich steil, die Gestaltung der Bergrücken und Täler vielfältig. Der Oberwald selbst hebt sich als ältere Verebnungsfläche mit einer deutlichen Stufe über die jüngere Fläche heraus, welche ihn ringförmig umgibt. Verwitterung und Abtragung haben den heutigen vielstufigen und ungleichförmigen Oberflächencharakter geschaffen. Durch Abtransport der Verwitterungsprodukte haben die Bäche das Gebirge zudem in viele radiär gerichtete niedrige Bergrücken und weite Täler gegliedert. Die Verwitterungseigenschaften der Basalte und Basalttuffe begünstigten die Entstehung geräumiger Talwannen mit zumeist nur mäßigem Gefälle. Engere und steilere Täler fehlen größtenteils.
Dem Oberwaldplateau, dessen Abfall zahlreiche lokale Verebnungen unterbrechen, ist nach Osten und Süden je ein 10–15 km langes Plateau mit wannenartigen Talmulden vorgelagert. Darauf folgt erneut ein stufenartiger Abgang zum Buntsandsteingebiet im Osten und zur Kinzig im Süden. Wesentlich steiler als der Ost- und Südhang ist die Westabdachung. Daher sind hier die Täler stärker eingeschnitten. Im Norden läuft der Vogelsberg wieder flacher aus, eine deutliche Stufengliederung mit dazwischenliegenden ebeneren Flächen fehlt.
Ausgangsmaterial für die Bodenbildung stellten Basalte, Tuffe, aber auch der Löß, der in einer trockeneren Zeit des Diluviums den gesamten Raum in einen Mantel feinsten gelben Staubsandes hüllte. Diese angewehte Lößdecke ist inzwischen bis auf einen lückenhaften Schleier geringer Mächtigkeit verschwunden. Vielfach findet man Löß mit dem darunterliegenden Basaltboden vermengt. Die vorherrschenden Böden sind Basaltverwitterungs-, Gehängeschutt- und Lößlehmböden, durch die Niederschläge im Laufe der Zeit entkalkt, arm an Nährstoffen und teilweise versauert. Den verbreitetsten Bodentyp stellen gleyartige Braunerden,

die in höheren Lagen podsoliert, also durch Auswaschung gebleicht und frei von Eisenverbindungen sind. Außerdem kommen noch steinige, sandig-grusige und feinsandig-schluffige Böden vor. Auf dem Hochplateau hat sich in einer Mulde über wasserundurchlässigem Lößlehm ein Hochmoor von etwa 1 ha Ausdehnung gebildet, die »Breungeshainer Heide«.
Insbesondere im Vorderen Vogelsberg hat die Verwitterung des Basaltgesteins zu einer Anreicherung von Tonerde und Eisen geführt. Bauxit- und Basalteisensteinlagen sind so entstanden, die sich als abbauwürdig erwiesen. Auch die an einigen Stellen noch vorhandenen Blockmeere, wie sie uns am Taufstein, Geiselstein und Bilstein im Oberwald, am Alteburgskopf bei Schotten und am Landenhäuser Stein bei Stockhausen entgegentreten, sind Folge der Verwitterung. Die Sprengwirkung des Frostes lockerte den Verbund des bloßgelegten Gesteins und löste es in Blöcke auf. Ähnlicher Entstehung, verbunden mit auftaubedingtem Bodentransport, sind die ehedem weit verbreiteten Blockbestreuungen vieler Hänge und Talgründe, die man heute im offenen Gelände dort noch antreffen kann, wo sie den Flurbereinigungsmaßnahmen entgingen.

Naturräumliche Gliederung

Nach der Höhenstufung läßt sich der Vogelsberg in drei naturräumliche Einheiten gliedern: den **Hohen Vogelsberg**, den **Unteren Vogelsberg** und den **Vorderen Vogelsberg**.
Der **Hohe Vogelsberg** umfaßt das zentrale Hochplateau des Gebirges, das sich 12 km lang und 6 km breit in Nordwest-Südost-Richtung erstreckt. Die Grenze folgt meist der 500 m-Höhenlinie, nur im Süden und Westen geht sie teilweise auf 400 m hinunter. Das Areal über 600 m Höhe ist die wellige Hochfläche des Oberwaldes. Die höchsten Erhebungen des Vogelsberges liegen in diesem Gebiet, ragen aber nur wenig über das Niveau heraus: Taufstein (773 m), Hoherodskopf (764 m), Sieben Ahorn (753 m) und Herchenhainer Höhe (733 m).
Der **Untere Vogelsberg** umschließt als bis zu 20 km breiter Ring den Hohen Vogelsberg. Seine äußere Grenze erreicht die 300 m-Höhenlinie, folgt dabei aber nicht immer dem Rand des Basaltsockels. Im Westen bleiben die Basaltdecken des Vorderen Vogelsberges ausgeschlossen, im Nordosten sind Teile des Buntsandsteingebietes (Gieseler Forst) einbezogen. Auch der Lauterbacher Muschelkalk-Keuper-Graben ist dazu gerechnet worden.
Der **Vordere Vogelsberg** ist dem Unteren Vogelsberg nordwestlich

Hochmoor im Naturschutzgebiet Breungeshainer Heide

vorgelagert. Er umfaßt die flächenhaften Basaltdeckenausläufer, die sich zur Lahn und zum Taunus hin erstrecken. Auf ihnen erheben sich gleich Vorposten Restkuppen älterer Ergüsse wie der Buchberg bei Münzenberg oder der Burgberg von Friedberg. Andere Berge sind Reste von Basaltdurchbrüchen wie der Münzenberger Burgberg, der Gleiberg und Vetzberg bei Gießen.

Das rinnende Wasser hat das gegenwärtige Relief des Vogelsberges entscheidend mitgeprägt. Der radiäre Verlauf seiner Bäche und die damit verbundene gleichsinnige Ausrichtung der Täler verleihen ihm eine besondere Note. Hohe Niederschläge bedingen seinen Wasserreichtum; ein dichtes Gewässernetz besorgt den Abtransport. 25,5% des jährlichen Niederschlages werden von den Bächen direkt als Oberflächenwasser abgeführt, 16,5% versickern ins Grundwasser, der Rest von 58% verdunstet. Diese Verdunstungsrate ist geringer als im Landesdurchschnitt, hohe Luftfeuchtigkeit und niedrige Temperaturen drücken sie herab.

Der Basaltstock ist sehr klüftig und zerteilt, deshalb ist er gut wasserleitend. Der schichtige Aufbau aus wasserleitendem Lavagestein und schlecht leitenden tonigen Tuffzonen hat zur Folge, daß sich übereinanderliegende Grundwasserstockwerke bilden, die aber durch Störungen und Basaltschlote miteinander in Verbindung stehen, so daß Wasser von einem höheren Stockwerk in ein tieferes abfließen kann. Wo diese wasserführenden Stockwerke am Hang ausstreichen oder in Talwannen nahe der Oberfläche verlaufen, kommt das Grundwasser in Quellzonen zu Tage. Der Anteil des Grundwassers, der den Weg bis zur Sohle des Basaltsockels gefunden hat, tritt an der Basaltgrenze in stark schüttenden Quellen aus.

Die höchst gelegenen Quellzonen liegen auf dem Oberwaldplateau. Auf engbegrenztem Raum findet man hier die Quellen der meisten Vogelsbergbäche. In flachen und weiten Mulden sammeln sich zahlreiche kaum eingetiefte Quellrinnsale und Oberflächenabflüsse, die erst allmählich den Bach bilden, der dann über den Rand der Hochfläche abfließt.

Als Wasserscheide trennt der Vogelsberg die Einzugsgebiete von Rhein/Main, wohin Nidda, Nidder, Salz und Kinzig fließen, von Rhein/Lahn mit der Ohm und von Weser/Fulda, die das Wasser der Lüder, Fliede, Lauter und Schwalm empfangen.

Natürlich entstandene Seen und Weiher gibt es im Vogelsberg nicht. Wenngleich manche so benannt werden, so sind doch alle vorhandenen größeren stehenden Gewässer künstlich aufgestaute Teiche. Die Mehrzahl liegt in den Talmulden auf dem Ostplateau mit ihren Quellsümpfen. Viele dieser Teiche, wie jene im Moosgrund, bei Gedern und Herbstein, wurden schon vor Jahrhunder-

Forellenteich im Naturschutzgebiet Breungeshainer Heide

ten als herrschaftliche Fischzuchtgewässer angelegt und fügen sich harmonisch in die Landschaft ein. Weiterhin gibt es eine Vielzahl kleinerer, intensiv bewirtschafteter Fischteiche, die häufig erst in den letzten Jahren entstanden sind. Seit 1970 ist die Niddatalsperre bei Rainrod mit maximal 65 ha Wasserfläche in Betrieb.
In abflußsammelnden Talwannen, in Quellgebieten, besonders im Oberwaldbereich, entstanden Sümpfe und Brüche, von denen nicht wenige bedauerlicherweise verschwunden sind.
Das Wasser des Berglandes gilt als weich und hat nur einen sehr geringen Mineralgehalt. Es fließt außerhalb der Hochwasserzeiten dort noch klar, wo es von menschlichem Zutun unbeeinflußt blieb. Aus seinen Tiefen entsendet der nun ruhende Vulkan noch immer temperiertes Wasser in die Umgebung. Auf seinem Wege löst es Salze aus Ablagerungen des Zechsteinmeeres. Es wird so zum geschätzten Mineralwasser und spendet, natürlicherweise oft Kohlensäure enthaltend, in vielen nahe und ferner liegenden Kur- und Badeorten als Heilquelle Segen.

Niederschläge und klimatische Verhältnisse

Der Vogelsberg liegt im Randbereich des atlantischen Klimaeinflusses, spürbar im Westen, während der Ostteil einen geringfügig kontinentalen Charakter hat. Dies zeigen die Jahresdurchschnittstemperaturen für die Nordost- und Ostabdachung des Bergmassivs, die bei gleicher Höhenlage um 0,7 °C tiefer liegen als an der Westflanke. Seine Position im Grenzbereich kennzeichnen auch die Durchschnittstemperaturen für die Monate Januar und Juli, die um 1 °C tiefer, beziehungsweise um 0,6 °C höher liegen als im Sauerland mit seinem eindeutig atlantischen Klima. Die Höhenunterschiede machen sich allerdings im Witterungsverlauf stärker bemerkbar als die Flächenausdehnung.
Die Niederschläge sind sehr hoch. Mit 1000–1300 mm im Jahr, in besonders nassen Jahren sogar mit mehr als 1800 mm, ist der Hohe Vogelsberg das regenreichste Gebiet in Hessen. Die sich anschließende, kuppenreiche Landschaftszone in 350 bis 500 m Höhe weist eine durchschnittliche Niederschlagshöhe von 650–1000 mm auf. Die Randausläufer empfangen, sich nur noch 200–350 m hoch erhebend, lediglich 500–600 mm jährlich. Es sind vor allem West- und Südwestwinde, die Regen oder Schnee bringen. Daher erhält das Westgefälle mehr Niederschlag als die auf der Leeseite liegenden östlichen Gebiete.
Die jahreszeitliche Verteilung der Niederschläge weist ein Sommermaximum in den Monaten Juli und August, dazu ein Spätherbst-Winter-Maximum im Dezember und Januar auf. Die Zahl der Tage mit Niederschlägen ist im Hohen Vogelsberg beträchtlich. An 190 bis über 200 Tagen sind mehr als 0,1 mm gemessen worden. 80 bis über 160 Nebeltage kann es im Jahreslauf dort geben.
Der Schneeanteil an den Niederschlagsmengen beträgt in den höchsten Lagen 25 % und darüber, in den mittleren 15–20 % und in den Randgebieten nur noch knapp 10 %. Hier bleibt der Schnee durchschnittlich 16 Tage liegen, im Oberwald hingegen 78 Tage.
Die sonnigen und heiteren Tage sind für die Höhen schnell gezählt. Im Durchschnitt sind es nicht mehr als 40, Frost- und Eistage gibt es hingegen an die 120.
Die mittleren Jahrestemperaturen sinken bei zunehmendem Anstieg von der Wetterau mit 9,2 °C über Schotten mit 8,6 °C bis zum Oberwald mit 6 °C.
Aufs Ganze gesehen besitzt der Vogelsberg also ein kühles und nasses Klima. Merklich beeinflußt davon wird die Vegetationszeit. Vergleicht man die Vegetationsperioden, also die Summe der

Tage mit einem Temperaturmittel über 10°C, von Wetterau und den Hochlagen des Gebirges, so erkennt man eine um etwa 4 Wochen längere Vegetationsperiode im Vorland gegenüber dem zentralen Vogelsberg. Der Beginn der Apfelblüte fällt in der Wetterau in die Zeit um den 30. April; im Hohen Vogelsberg setzt sie erst zwischen dem 19. und 22. Mai ein.

Schlußwort

Wer sich den Vogelsberg erwandern will, sollte also die Witterungsverhältnisse der verschiedenen Höhenlagen und Jahreszeiten nicht außer acht lassen. Entsprechend versehen erschließt sich ihm eine herbe Gebirgslandschaft von eigenem Reiz und hohem Erholungswert, vielfältig in Gestalt und Charakter, in deren Mitte sich einer der ältesten deutschen Naturparke befindet. Aus allgegenwärtigen Zeugen der Vergangenheit kann jeder die Geschichte des Gebirges für sich wieder aufleben lassen. Besonders tiefe Einblicke gewähren die vielen aufgelassenen oder noch in Betrieb befindlichen Steinbrüche.

Prof. Dr. Heinz Scherf

Die Pflanzenwelt

Die Böden und das Klima prägen das Bild der natürlichen Vegetation. Unter den im Vogelsberg herrschenden Bedingungen bedeckten einstmals Laubwälder bis auf wenige Ausnahmen den gesamten Raum. In ihnen war bis in die höchsten Lagen die Buche die dominierende Baumart. Je nach der Höhenstufe traten in wechselndem Anteil andere Laubhölzer hinzu und bildeten Mischwälder mit unterschiedlicher Bodenvegetation. Von diesen ursprünglichen Pflanzengesellschaften finden wir heute nur noch Restbestände vor.
Während die Kiefer im Kernraum des Vogelsberges kaum Fuß fassen konnte, hat die Fichte heute einen Anteil von über 50% gegenüber der Buche. Ahorn, Eiche, Esche und Erle sind zusammen mit weniger als 10% vertreten. Auch auf ehemals für die Haustierhaltung genutzten Flächen stehen jetzt Fichtenforste.
Man hat im Vogelsberg vier Wuchs-Zonen unterschieden: die obere Berg-Buchen-Zone im Höhenbereich über 650 m, die untere Berg-Buchen-Zone in Höhenlagen zwischen 500 bis 650 m, die obere Buchen-Mischwald-Zone zwischen 350 und 500 m und schließlich die untere in Gebieten mit weniger als 350 m sich erstreckende Buchen-Mischwald-Zone. Der Waldanteil nimmt von der höchstgelegenen zur untersten Zone ab.
Wo man also noch hinlänglich natürliche Wälder betritt, ist die Buche aspektbeherrschend. Ihr beigemischt sind im Hohen Vogelsberg Spitz- und Bergahorn, Esche und Vogelbeere als wichtigste Begleiter, in tieferen Lagen auch Eiche und Hainbuche.

Artenvielfalt in der Krautschicht der Laubmischwälder

In der Krautschicht dieser Laubmischwälder erfreut den Betrachter die mancherorts noch immer anzutreffende Artenvielfalt. Im zeitigen Frühjahr, noch vor dem schattenwerfenden Laubaustrieb erscheinen mitunter flächendeckend die Blüten von Märzenbecher (Leucojum vernum), Lerchensporn (Corydalis cava, C. intermedia), Scharbockskraut (Ranunculus ficaria), weißem und gelbem Buschwindröschen (Anemone nemorosa, A. ranunculoides), dazwischen die von Gelbstern (Gagea lutea) und des stark duftenden Seidelbastes (Daphne mezereum). Ihnen folgen später Waldmeister (Galium odoratum), Waldbingelkraut (Mercurialis perennis), Sternmiere (Stellaria nemorum), Ruprechtskraut (Ge-

ranium robertianum), Zwiebel-Zahnwurz (Dentaria bulbifera), Aronstab (Arum maculatum), Einbeere (Paris quadrifolia), Schattenblume (Maianthemum bifolium), Sauerklee (Oxalis acetosella), Wald-Veilchen (Viola reichenbachiana), Goldnessel (Lamium galeobdolon) und Quirlblättrige Weißwurz (Polygonatum verticillatum). Typische Waldgräser sind das Einblütige Perlgras (Melica uniflora) und die Wald-Haargerste (Elymus europaeus). Im Sommer erobert sich das schattenliebende Springkraut (Impatiens noli-tangere, I. parviflora) den Boden der Wälder. Der Reichtum an Waldkräutern ist damit bei weitem nicht erschöpft. Ein aufmerksamer Beobachter wird noch viele andere wahrnehmen und hat er Glück, so kann er auch den Türkenbund (Lilium martagon) oder einige Orchideen, wie das Große Zweiblatt (Listera ovata), die Kuckucksblume (Platanthera bifolia) oder ein Knabenkraut (Orchis) entdecken.
Auffallend an manchen Stellen ist der üppige Farnbestand (Athyrium filix femina, Dryopteris filix-mas), vor allem im Gebiet des Oberwaldes und an Blockhalden, wo die Buche zurücktritt und Bergahorn, Spitzahorn gemeinsam mit der Berg-Ulme die Waldgesellschaft kennzeichnen. Flechten und Moose in großer Artenzahl besiedeln hier Baumstämme, Fallholz und Gestein. Ihre Beachtung bereichert das Naturerlebnis ebenso wie die vielen Arten von Boden- und Baumpilzen, deren Erscheinen dem jahreszeitlichen Wechsel unterliegt oder die ganzjährig zu sehen sind. Auch sie gehören als bedeutsame Komponenten in diese Wälder, und ihr Vorkommen ist mit ein Zeichen für einen noch immer naturgemäßen Ablauf der Lebensvorgänge darin. Gerade dort, wo der Wald keiner intensiven ausschließlich auf den Nutzen ausgerichteten Bewirtschaftung unterliegt, wo noch Altholz im Bestand verblieb, sind selten gewordene Baumpilze in eindrucksvoller Entwicklung zu bewundern. In einigen jetzt unter Naturschutz stehenden Arealen, wie an der Niddaquelle oder am Taufstein, sind es besonders die auffallenden Konsolen des Echten Zunderschwammes (Fomes fomentarius).
Weiteren durch Sporenbildung sich aussäenden Gewächsen begegnet man im Wald-Schachtelhalm (Equisetum silvaticum) und im an nur wenigen Stellen vorhandenen Kolben-Bärlapp (Lycopodium clavatum), der Nadelwald liebt.
Als Kostbarkeiten in der Flora der Bergwälder gelten Platanenblättriger Hahnenfuß (Ranunculus platanifolius), Silberblatt (Lunaria rediviva), Alpen-Milchlattich (Cicerbita alpina) und am Wasser Weiße Pestwurz (Petasites albus), Pflanzen, die sonst in höheren Gebirgen zuhause sind.
Eine natürliche Bruchwald-Gesellschaft stark vernäßter Böden

stellt der Erlen-Eschenwald dar. Meliorationsmaßnahmen haben seine ehemalige Verbreitung eingeschränkt. Wohl erhaltene Partien im Bereich von Quellmulden und Sümpfen kann man noch im Osten des Hohen Vogelsberges antreffen. Unter den gegebenen Bedingungen entwickelt sich eine üppige Bodenvegetation, in der durch ihren hohen Wuchs Echtes Mädesüß (Filipendula ulmaria), Sumpf-Pippau (Crepis paludosa), Kohl-Kratzdistel (Cirsium oleraceum), Echter Baldrian (Valeriana officinalis), Wald-Engelwurz (Angelica sylvestris) und das mehr als 2 m erreichende, schilfartige Rohr-Glanzgras (Typhoides arundinacea) besonders auffallen. Wanderer mit botanischen Interessen finden hier auch Milzkräuter (Chrysosplenium oppositifolium, C. alternifolium), Moschuskraut (Adoxa moschatellina), Kriechenden Hahnenfuß (Ranunculus repens), Sumpf-Vergißmeinnicht (Myosotis palustris) und andere mehr, dazwischen bemerkenswerte Gräser, die auf Feuchtbiotope angewiesen sind.
Auenwälder vom Typ des Bach-Eschen-Erlenwaldes begleiteten ursprünglich in mehr oder weniger großer Ausdehnung den Weg der Gewässer. In den Mittelläufen sind sie heute zumeist nur noch saumartig als beinahe einreihige Restbestände erhalten. Am Oberlauf mancher Vogelsbergbäche kann man sich indessen noch an ihnen und ihrem Pflanzenreichtum erfreuen. Unter vielen anderen stehen dort Rauhhaariger Kälberkropf (Chaerophyllum hirsutum), Bach-Nelkenwurz (Geum rivale), Echte Nelkenwurz (Geum urbanum), Bitteres Schaumkraut (Cardamine amara), Hain-Ampfer (Rumex sanguineus), Hexenkräuter (Circaea) und ganz oben an bestimmten Stellen Weiße Pestwurz (Petasites albus) und der Alpen-Milchlattich (Cicerbita alpina). Gelegentlich entdeckt man den Eisenhut (Aconitum variegatum) und den Scheiden-Goldstern (Gagea spathacea).

Flora des Hochmoores

Im Hohen Vogelsberg, zwischen dem Taufstein im Süden und dem Sieben Ahorn im Norden, befindet sich eines der wenigen Hochmoore Hessens. Gegenwärtig bedeckt es eine Fläche von etwa einem Hektar. Seine Entstehung verdankt es der Wasserundurchlässigkeit des Untergrundes, der Lage in einer abflußlosen Senke und den hohen Niederschlägen. Wie fast alle Moore in Deutschland blieb auch das Moor auf der Breungeshainer Heide vor menschlichem Zugriff nicht verschont. Torfgewinnung, Aufforstungen der Randpartien und planmäßige Entwässerungsmaßnahmen gefährdeten seinen Fortbestand. Angepflanzte Berg-

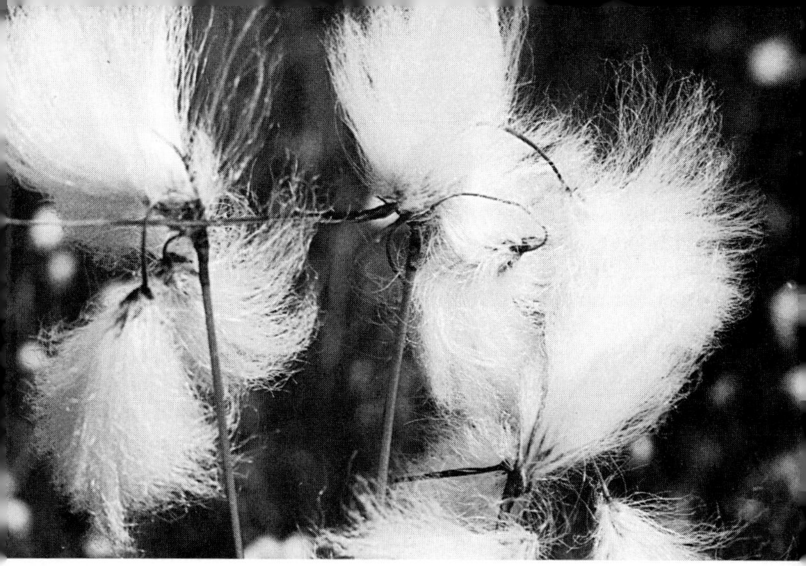

Wollgras (Eriophorum angustifolium)

kiefern beeinflußten die Bodenvegetation, und die sich immer stärker ausbreitenden Moorbirken sorgten für weiteren Wasserverlust. Leichte Zugänglichkeit im Sommer und mangelndes Verständnis führten bis in die jüngste Zeit zu fortgesetzten Zerstörungen durch anhaltendes Torfstechen, Entnahme lebender Torfmoospolster und Plünderung seltener Pflanzen. Seit 1974 steht das Moor nun unter Naturschutz und darf nicht mehr betreten werden. Begonnene Pflegemaßnahmen sollen weitere Veränderungen verhindern. Für den Beschauer ist von den Wanderwegen die ein Hochmoor auszeichnende Aufwölbung in der Mitte unverkennbar. Sie ist stark verheidet. Krähenbeere (Empetrum nigrum), Moosbeere (Vaccinium oxycoccus) und vereinzelt Preiselbeere (Vaccinium vitis-idaea) wachsen hier. Die übrige Fläche hat das Pfeifengras (Molinia coerulea) gemeinsam mit dem Scheiden-Wollgras (Eriophorum vaginatum) und dem Schmalblättrigen Wollgras (Eriophorum angustifolium) in Besitz genommen, deren weiße Samen-Wollhaare im Sommer Aufmerksamkeit erregen. Torfmoose (Sphagnum) kommen in verschiedenen Arten vor. Als selten gewordene Moorpflanzen seien noch das Moor-Labkraut (Galium uliginosum), der Rundblättrige Sonnentau (Drosera rotundifolia) und der Siebenstern (Trientalis europaea) erwähnt, der vor dem ersten Weltkrieg in fast allen Nadelwäldern am Rande des Moores wuchs.

Teichflora

Floristisch von hohem Reiz sind auch die zahlreichen alten Teiche des östlichen Vogelsberges. Zwar bleiben viele der an ihnen vorkommenden Pflanzen im und am Wasser unscheinbar, selbst wenn sie blühen, doch sind sie Repräsentanten spezieller Gesellschaften, die man weithin vergebens sucht. Üppig entwickelt ist stellenweise ein dichtes Röhricht in den Verlandungszonen mit Schilfrohr (Phragmites communis), Rohrkolben (Typha latifolia), Ästigem Igelkolben (Sparganium erectum), Schlammschachtelhalm (Equisetum fluviatile), Wasser-Schwertlilie (Iris pseudacorus) und Froschlöffel (Alisma plantago-aquatica). Zum Wasser hin bildet die Teichbinse (Scirpus lacustris) einen breiten Saum. Sie wird abgelöst von einer Laichkraut-Gesellschaft, die untergetauchte und schwimmende Formen umfaßt. Zu ihr zählt der Wasser-Knöterich (Polygonum amphibium), das Schwimmende Laichkraut (Potamogeton natans), ebenso der weißblühende Wasser-Hahnenfuß (Ranunculus aquatilis). An anderen Uferpartien und im flachen Wasser siedeln Zypergras-Segge (Carex cyperoides), Rasen-Segge (Carex caespitosa), Schlamm-Segge (Carex limosa), Sumpfried (Eleocharis ovata, E. mamillata), Tännel (Elatine triandra, E. hexandra), Strandling (Litorella uniflora) und Schlammkraut (Limosella aquatica). So zeichnet ein reiches Pflanzenleben diejenigen zur Fischzucht genutzten Teiche aus, welche eine schonende Behandlung erfahren.

Wiesenflora

Mitbestimmend für das Bild der Vegetation im Vogelsberg sind die ausgedehnten Wiesenflächen. Sie erwarten den botanisch Interessierten mit verlockendem Artenreichtum, wenn sie nicht in Weideland umgewandelt wurden. Die landwirtschaftliche Fläche im Gebirge besteht heutzutage ja überwiegend aus Dauergrünland, dessen Anteil mit der Höhenlage stetig zunimmt. Am verbreitetsten sind die Goldhafer-Bergwiesen. In diesem nach dem Goldhafer (Trisetum flavescens) benannten fetten Wiesentyp kommen neben allgemein verbreiteten viele sonst bei uns wenig häufige bis seltene Pflanzen vor. Sie bereichern den ohnehin bunten Blütenreigen in der warmen Jahreszeit. Da finden sich Trollblume (Trollius europaeus), Schwarze und Kugelige Teufelskralle (Phyteuma nigrum, P. orbiculare), Wald-Storchschnabel (Geranium sylvaticum), Weicher Pippau (Crepis mollis), Wiesen-Leinblatt (Thesium pyrenaicum), Nördliches Labkraut (Galium bore-

ale), Hain-Hahnenfuß (Ranunculus nemorosus), Körniger Steinbrech (Saxifraga granulata) und von Orchideen Kleines und Männliches Knabenkraut (Orchis morio, O. mascula). An trockeneren Stellen treten Heide-Nelke (Dianthus deltoides), Thymian (Thymus serpyllum), Duftende Schlüsselblume (Primula veris) und Wiesen-Knautie (Knautia arvensis) hinzu. Feuchte Standorte bevorzugen Sumpf-Vergißmeinnicht (Myosotis palustris), Bachnelkenwurz (Geum rivale), Hohe Schlüsselblume (Primula elatior) und, manchmal auffällig durch seine Massenentwicklung, Schlangen-Knöterich (Polygonum bistorta).
Auf stark sauren Böden hat sich ein anderer Wiesentyp, der Borstgrasrasen, ausgebildet. Seinen Namen trägt er vom Borstgras (Nardus stricta), das flächendeckend in dichten Horsten wächst. Wo er noch in ungestörter Entfaltung existiert, ist Rotschwingel (Festuca rubra), Felsen-Labkraut (Galium hercynicum), Hundsveilchen (Viola canina), Arnika (Arnica montana), Katzenpfötchen (Antennaria dioica) und Gemeine Kreuzblume (Polygala vulgaris) zugegen.

Arnika (Arnica montana)

In wasserdurchrieselten Wiesen der Bachauen haben sich an einigen Stellen Kleinseggen-Rasen mit Sumpfveilchen (Viola palustris), Sumpfherzblatt (Parnassia palustris), Schmalblättrigem Wollgras (Eriophorum angustifolium), Fieberklee (Menyanthes trifoliata), Moorklee (Trifolium spadiceum) und Sumpf-Fingerkraut (Comarum palustre) behaupten können.
Auch dem Trockenrasen begegnet man im Vogelsberg, allerdings in tieferen Lagen an sonnenexponierten Hängen auf flachgründigen, mithin sich leicht erwärmenden Böden. Solche Standorte lieben Fingerkräuter (Potentilla), Hundsveilchen (Viola canina), Knolliger Hahnenfuß (Ranunculus bulbosus), Stengellose Kratzdistel (Cirsium acaule), Heidenelke (Dianthus deltoides), Knöllchen-Steinbrech (Saxifraga granulata), Acker-Hornkraut (Cerastium arvense) und der Thymian (Thymus serpyllum).

Pflanzengesellschaften in der Agrarlandschaft

Selbst die Agrarlandschaft vermag eine bunte Flora zu bieten. Auch hier herrscht Abwechslung. Zwar sind die Ackerflächen wegen der Niederhaltung der Unkräuter botanisch ohne Reiz, doch finden sich am Rande der Kulturen, an Wegrainen, Schuttplätzen und auf Brachland die Vertreter der Ackerunkrautgesellschaften ebenso, wie solche, die als Angehörige der Ruderal- und Hackunkrautassoziationen anzusprechen sind. Da begegnet man der Quecken-Ackerwinden-Gesellschaft, der Brennessel-Wegmalven-Gesellschaft, der Natternkopf-Steinklee-Gesellschaft, der Wegwarten-Gesellschaft, der Vielsamen-Gänsefuß-Gesellschaft und der Ackerfrauenmantel-Kamillen-Gesellschaft, um einige Beispiele zu nennen. Eine lange Liste ließe sich füllen, wollte man der Vielfalt auch nur einigermaßen gerecht werden. Mit Hilfe eines Bestimmungsbuches lassen sich neben den allgemein verbreiteten Arten Raritäten erkennen, vom Wuchs her mitunter recht unscheinbare Pflanzen.

Die Heckenlandschaft

Für die Kulturlandschaft des Vogelsberges typisch sind die Hekken, die ein eindrucksvolles, die Feldfluren belebendes Strukturelement darstellen. Trotz beträchtlicher Veränderungen bei Flurbereinigungen gliedern sie weithin noch immer die landwirtschaftlich genutzten Flächen. Ihre ökologische Bedeutung für die Bodenerhaltung, Klimagestaltung und als Stätten eines reichen

Tierlebens sollte jedermann geläufig sein. Dennoch muß man erleben, wie nach wie vor Rodungen vorgenommen werden. Hecken begleiten die Wegränder oder befinden sich im Grenzbereich von Grundstücken, oftmals an Böschungen bewirtschafteter Hänge. Sie verdanken ihre Entstehung in vielen Fällen der Anhäufung von Lesesteinen, die von den Nutzflächen entfernt und am Rande gelagert wurden. So entstanden Lesesteinwälle auf denen sich im Laufe der Zeit eine Heckenflora entwickelte. Normalerweise erkennt man deutlich einen stufigen Aufbau, bestehend aus hochragenden Bäumen, hohen und niederen Büschen mit einem Saum von Kräutern. Zitterpappel, Stiel- und Traubeneiche, Süßkirsche, Vogelbeere, Winter- und Sommerlinde, Weiden und Hainbuche, ebenso die Ahorn-Arten sind als Bäume oder hohe Büsche vertreten. Zwischen letzteren beanspruchen Hasel (Corylus avellana) und Traubenkirsche (Prunus padus) ihren Raum. Von niedrigerem Wuchs, aber den Charakter vieler Hecken bestimmend sind Schwarzdorn (Prunus spinosa), Weißdorn (Crataegus), Schwarzer Holunder (Sambucus nigra), Wildrosen (Rosa), wozu noch Pfaffenhütchen (Evonymus europaeus), Kreuzdorn (Rhamnus cathartica), Roter Hartriegel (Cornus sanguinea), Liguster (Ligustrum vulgare) und Schneeball (Viburnum opulus) kommen können. Hin und wieder überzieht die kletternde Waldrebe (Clematis vitalba) einen großen Teil der Büsche so, wie es der Efeu (Hedera helix) an Bäumen macht.
Pflanzen des Waldes kann man in der Krautschicht begegnen, dem Lungenkraut (Pulmonaria officinalis), der Haselwurz (Asarum europaeum) oder der Frühlingsplatterbse (Lathyrus vernus) beispielsweise. Im Sommer verwehren uns dichte Bestände von Hecken-Kälberkropf (Chaerophyllum temulum) und andere Doldengewächse, von Labkräutern (Galium) und Greiskräutern (Senecio) den Blick ins Innere.

Nachbetrachtung

Schon immer übte der Reichtum an Pflanzengesellschaften und Arten im Vogelsberg eine hohe Anziehungskraft auf Botaniker und Naturfreunde aus. Wissensdurst und Naturgenuß erfahren hier gleichermaßen Befriedigung. Eine zweifellos unzulängliche Vorstellung von der Artenmannigfaltigkeit wurde in diesem kurzen Überblick zu geben versucht. Aber auch im Vogelsberg haben in den letzten Jahrzehnten Veränderungen stattgefunden, die für einen Teil der Pflanzenarten bedrohlich wurden oder ihr Verschwinden an manchen Orten bewirkten. Um so anerkennenswerter ist das zähe Bemühen, zu erhalten was noch vorhanden blieb. Durch die Einrichtung von Naturschutzgebieten, deren Betreten untersagt ist, hofft man, gefährdete Lebensräume mit ihrer Flora vor völligem Verschwinden zu bewahren. Ein nicht geringer Teil der in unserer Übersicht genannten und weiterer Pflanzenarten gilt als schutzbedürftig. Gedankenlosigkeit und fortschreitende Inanspruchnahme der Landschaft durch den Menschen tragen weiterhin in unserem Lande zur Verarmung der Flora bei. Nach neuesten Erhebungen sind 30 % der einheimischen Arten von Farn- und Blütenpflanzen in ihrem Fortbestand bedroht oder sogar bereits verschwunden. Manche von ihnen haben im Vogelsberg noch ein Refugium. Angesichts dieser betrüblichen Situation sollte es für alle wirklich naturverbundenen Menschen selbstverständlich sein, weiteren Zerstörungen entgegenzuwirken, auf die Entnahme seltener Pflanzen oder ihrer Blüten zu verzichten und mit darauf zu achten, daß auch andere so verfahren. Nur wenn alle mithelfen, vermag die Pflanzenwelt des Vogelsberges in ihrer ganzen Fülle zu überleben. Immer mehr Menschen verspüren in unserer Zeit ein Bedürfnis nach Ruhe und naturnaher Erholung. Beides vermag der Vogelsberg zu bieten, und es ist gerade die Vielfalt der Vegetation, die den Erholungswert seiner Landschaften wesentlich mitbestimmt.

Prof. Dr. Heinz Scherf

Die Tierwelt

Jeder aufmerksame und naturverbundene Wanderer freut sich über das reiche Tierleben, welches sich auf seinen Wegen durch den Vogelsberg beobachten läßt. Immer aber wird er nur einen kleinen Ausschnitt des tatsächlich Vorhandenen erblicken. Die allermeisten tierischen Organismen sind nämlich winzig, nur mit optischen Hilfsmitteln zu erkennen, oder leben verborgen im und am Boden, in der Vegetationsdecke, im Wasser oder hoch oben im Kronendach der Wälder. Selbst größere Tiere sind, wenn sie ruhen, oft so vorzüglich getarnt, daß sie leicht dem menschlichen Auge entgehen. Spezielle Lebensansprüche, kurz bemessenes Dasein in fortpflanzungsfähigem Alter, nächtliche Aktivität oder schützende Verhaltensweisen machen eine Begegnung mit sehr vielen Arten zum Zufall. Andere wiederum sind am Tage unterwegs, von stattlicher Größe und fallen so über weitere Distanz durch Lebhaftigkeit und Aussehen auf. Größtenteils sind es Vögel, Tagfalter oder andere Insekten als Blütenbesucher, deren man leicht ansichtig wird. Verhält man sich ruhig, vermögen die vielfältigen, zu bestimmten Jahres- und Tageszeiten vernehmbaren Laute über die Anwesenheit zahlreicher Tiere in der Umgebung zu informieren. Wer die Kunst beherrscht, die verschiedenartigsten Tierspuren zu deuten, kann das ganze Jahr über interessante Beobachtungen anstellen und an Hand der getretenen Spur, der Fraßspuren, von Kot und Losung, von Bauen, Nestern und Verstecken, über Speiballen, Fegemarken und weitere Spurenzeichen Rückschlüsse über Vorkommen und Häufigkeit sonst kaum wahrnehmbarer Tiere ziehen. In den meisten Fällen bleibt die unmittelbare Begegnung mit dem Tier zufällig, für den Naturfreund Anlaß und Ansporn genug, auf seinen Beobachtungsgängen das Glück zu erproben, in stiller Betrachtung erlebnisreiche Stunden in erholsamer Landschaft zu verbringen, sein Wissen mit Hilfe eines Bestimmungsbuches zu erweitern.
Gegenüber den Pflanzen liegt die Zahl der im Vogelsberg beheimateten Tierarten unvergleichlich höher. Über 9000 Arten tierischer Lebewesen haben die Biologen in der Universitäts-Forschungsstation »Künanz-Haus« auf dem Hoherodskopf im Verlaufe der bisherigen Forschungsarbeiten ermittelt, darunter sogar einige Neuentdeckungen, und sind gewiß, damit noch nicht einmal die Hälfte der wirklich vorkommenden Arten erfaßt zu haben.

Gebiete in einigermaßen natürlichem Zustand bieten stets ein vielfältiges und abwechslungsreiches Tierleben. Je intensiver der Eingriff des Menschen, desto stärker die Verarmung an Pflanzen und Tieren. Auch im Vogelsberg zieht es ja den kundigen Naturfreund ganz besonders dorthin, wo sich die Veränderungen in der Landschaft noch in Grenzen halten.
Sehr viele Tiere stellen hohe Ansprüche an die Beschaffenheit ihrer Lebensstätten, ihrer Biotope, und reagieren empfindlich auf Veränderungen. Manche Art wird schon durch belanglos erscheinende Eingriffe in ihrer Existenz am Ort bedroht. Neben dem Charakter der Vegetation, der Wuchsform, dem Deckungsgrad, dem Bodenzustand, der Ausbildung der Streuschicht, dem Nahrungsangebot übt mit weiteren Faktoren das Groß- und Kleinklima einen entscheidenden Einfluß auf die Zusammensetzung der Fauna eines Landschaftsteiles aus. Je höher die Anzahl der verfügbaren sogenannten ökologischen Nischen in einem Lebensraum, je mehr tierisches Leben wird sich dort entfalten. In aufgeräumten Wäldern, wohl gepflegter Feldmark, auf meliorierten Flächen lebt wenig, in einem Wald mit Altholz und Totholz, auf einem Stück Ödland oder auf einer dauerfeuchten Wiese manifestiert sich die Mannigfaltigkeit in der Tierwelt auf engem Raum. In unserem Gebirge gibt es sie noch mancherorts, die reich strukturierten und wenig gestörten Biotope, mit all ihrem Reichtum an Pflanzen und Tieren. Freuen wir uns, daß es so ist, und sorgen wir mit dafür, daß es so bleibt.

Säugetiere

Insgesamt 43 Säugetierarten sind aus dem Vogelsberg bekannt. Einstmals waren auch Wolf (Canis lupus), Braunbär (Ursus arctos), Otter (Lutra lutra), Luchs (Lynx lynx) und Wildkatze (Felis silvestris) hier heimisch. Als Raubtiere und Endglieder von Nahrungsketten unterlagen sie der menschlichen Konkurrenz. Der letzte Wolf wurde 1900 in Westdeutschland erlegt, der letzte Braunbär des Vogelsberges starb 1678 in den Riedeselschen Wäldern. Ende des 18. Jahrhunderts wurde in unserem Gebirge der Luchs ausgerottet. Der Otter war bereits zu Beginn unseres Jahrhunderts im Vogelsberg ein ziemlich seltenes Tier und ist seit Jahrzehnten verschwunden. Im Jahre 1911 wurde bei Hirzenhain die letzte Wildkatze des Gebietes gestreckt. Sie ist zwar etwa seit 1940 in Westdeutschland in Wiederausbreitung, bis jetzt aber im Vogelsberg nicht erneut beobachtet worden. Diesen verlorenen Arten stehen drei Neuzugänge gegenüber: Das Mufflon (Ovis ammon

musimon), der Waschbär (Procyon lotor) und die Bisamratte (Ondatra zibethica). Mufflons wurden 1938 im Laubacher Wald eingebürgert. Die Population bewohnt ein 1200 ha großes Areal. Sie umfaßte nach einer Zählung im Frühjahr 1977: 70 Tiere, davon 32 Widder und 38 Schafe. Der nordamerikanische Waschbär ist mittlerweile im Vogelsberg beinahe allgegenwärtig, äußerst heimlich, daher schwer zu bejagen. Alle Waschbären Hessens stammen von wenigen Exemplaren ab, die 1934 unweit des Edersees ausgesetzt worden waren und sich in der Folgezeit in unerwartetem Maße vermehrten und ausbreiteten. An der Peripherie des Vogelsberges tauchte der Waschbär 1961 bei Gießen, 1960 bei Büdingen, 1959 bei Alsfeld zum erstenmal auf. Sein bevorzugter Aufenthaltsort ist der Mischwald, wo er sein Lager in Baum- und Erdhöhlen hat. Bei uns gibt es keine natürlichen Feinde für ihn. Aufgrund breiten Nahrungsspektrums und eines hervorragenden Klettervermögens fällt ihm nebenher auch manche Vogelbrut zum Opfer. So ist er ein ebensowenig geschätzter Neuankömmling wie die Bisamratte, die gleichfalls aus Nordamerika stammt. Aus Pelztierfarmen entwichen, hat sie sich immer weiter in Mitteleuropa ausgebreitet und nach dem Kriege wohl von Süden und Westen den Vogelsberg erreicht, von dem sie völlig Besitz ergriff. Sie ist an die Nähe von Gewässern gebunden und wegen ihrer Wühltätigkeit gefürchtet. Wie der Waschbär nimmt auch sie neben pflanzlicher Kost tierische Nahrung, bevorzugt Teichmuscheln (Anodonta cygnea), an.
Der Vogelsberg verfügt über einen der bedeutendsten Rotwildbestände Hessens. Das Rotwildgebiet umfaßt derzeit 36 Reviere. Der stärkste Hirsch (Cervus elaphus), der je in der Bundesrepublik erlegt wurde, soll 1979 im Laubacher Wald geschossen worden sein. Weiterhin sind Rehwild (Capreolus capreolus) und Schwarzwild (Sus scrofa) in den Wäldern zuhause. Der Fuchs (Vulpes vulpes) hat sich trotz aller Bekämpfungsmaßnahmen gut behauptet. Fast verschwunden ist dagegen unser größter einheimischer Marder, der Dachs (Meles meles). Der Edelmarder (Martes martes) kommt im Vogelsberg vor, häufiger aber der Steinmarder (Martes foina) und Iltis (Mustela putorius). Allgemein verbreitet sind Mauswiesel (Mustela nivalis) und Hermelin (Mustela erminea). Hase (Lepus europaeus) und Kaninchen (Oryctolagus cuniculus) gehören zu den Säugern, die am ehesten zu beobachten sind, wie auch das allgegenwärtige Eichhörnchen (Sciurus vulgaris). Von den Schläfern ist die Haselmaus (Muscardinus avellanarius) nicht selten und auch in Vogelnistkästen anzutreffen, der Siebenschläfer (Glis glis) hingegen im Gesamtgebiet eine rare Erscheinung. Mit 10 Arten sind die Mäuse vertreten,

wovon Waldmaus (Apodemus sylvaticus), Hausmaus (Mus musculus), Wanderratte (Rattus norvegicus), Schermaus (Arvicola terrestris), Feld- (Microtus arvalis) und Erdmaus (Microtus agrestis) die bekanntesten sind. Zur Gruppe der Insektenfresser zählen der durch seine Erdaufwürfe sich bemerkbar machende Maulwurf (Talpa europaea), nicht nur in Wiesen, auch in Wäldern vorkommend, der Igel (Erinaceus europaeus), das häufigste Verkehrsopfer auf den Straßen des Vogelsberges unter allen Säugern und 5 Spitzmausarten. Am ehesten stößt man auf die Waldspitzmaus (Sorex araneus), unsere gewöhnlichste und mitunter auch einmal tagsüber aktive Art. Von Fledermäusen sind mit Sicherheit bisher acht Arten vom Vogelsberg belegt.

Vögel

Schon immer zog die Vielfalt an Vogelarten Freunde der gefiederten Welt zu allen Jahreszeiten, besonders aber im Frühjahr und Herbst zur Zugzeit, in den Vogelsberg. Der Vogelliebhaber kennt die Orte, wo er die eine oder andere Kostbarkeit beobachten kann. Er sucht die großen Teiche bei Ober- und Nieder-Moos auf, den Rotenbachteich mit einer eigens errichteten Kanzel, von der aus sich das Treiben auf dem Wasser und am Ufer verfolgen läßt, oder andere stille Gewässer. Selbst die Nidda-Talsperre ist Rastplatz einiger Zugvögel geworden. Aber auch im Wald, im Wiesengelände, entlang der Bäche, sogar in der Feldmark wird ihm manche Vogelart begegnen, die in anderen Landstrichen kaum noch ihr Fortkommen findet. Gewisse Gebiete sind deshalb unter Schutz gestellt worden, weil allgemein selten gewordene Vögel dort noch eine Heimstatt besitzen oder wieder gefunden haben. Hier ist nicht der Platz, alle im Vogelsberg auftretenden Arten zu nennen, doch auf einige sei hingewiesen.
Als einzigem Ort in Hessen brüten an den Mooser Teichen Reiherente (Aythya fuligula) und Tafelente (Aythya ferina) regelmäßig in wenigen Paaren. Nach längerer Pause haben sich dort und an einem benachbarten Teich Krickente (Anas crecca) und Knäkente (Anas querquedula) wieder eingefunden. Neben dem Zwergtaucher (Podiceps ruficollis) ist der stattliche Haubentaucher (Podiceps cristatus) zu sehen. Am Rotenbachteich lebt die Wasserralle (Rallus aquaticus). Hin und wieder entdeckt man einen Graureiher (Ardea cinerea), von dem es drei Brutkolonien mit etwa 75 Paaren im Vogelsberg gibt. Nach raschem Bestandesrückgang in letzter Zeit steht die Art nun unter völligem Schutz.

Wo noch geeignete feuchtere Stellen vorhanden sind, haben Kiebitz (Vanellus vanellus) und Bekassine (Gallinago gallinago) in offenem Gelände, die Waldschnepfe (Scolopax rusticola) in den Erlenbrüchen ihr Brutrevier. Typische Vögel der Bäche sind Gebirgsstelze (Motacilla cinerea), Eisvogel (Alcedo atthis) und Wasseramsel (Cinclus cinclus). Von ihnen ist die Gebirgsstelze die häufigste Art, die Wasseramsel noch in erfreulicher Anzahl vorhanden, wohingegen der Eisvogel eine seltene Erscheinung geworden ist. In heckendurchzogener Landschaft hat sich der Rotrückenwürger (Lanius collurio) behauptet, ab und zu brütet hier auch der Raubwürger (Lanius excubitor). Dort findet die Dorngrasmücke (Sylvia communis) ihren Lebensraum ebenso wie in tieferen Lagen die Turteltaube (Streptopelia turtur). Wie beinahe überall, so ist auch im Vogelsberg der Wendehals (Jynx torquilla) als Höhlenbrüter in alten Baumstücken im Rückgang begriffen. An wenigen Stellen läßt sich noch der Wiesenpieper (Anthus pratensis) vernehmen. Auch der Steinschmätzer (Oenanthe oenanthe), früher ein typischer Vogel der Hutweiden, ist vielerorts verschwunden. Geblieben ist das Braunkehlchen (Saxicola rubetra). Mit Glück kann man beim abendlichen Gang durch die Felder den Ruf der Wachtel (Coturnix coturnix) hören, wenigstens dort, wo besondere Umstände ihre Existenz noch ermöglichen.
In den Wäldern der oberen Regionen trifft der Wanderer immer wieder auf die Spuren der Tätigkeit des Schwarzspechtes (Dryocopus martius). Gar manche Fichte weist tiefe Einschläge am Stamm als Hinterlassenschaft der Nahrungssuche auf, eindrucksvolles Zeugnis der Kraftentfaltung dieses größten unserer heimischen Spechte. Anderswo liegen Fichtenzapfen in Mengen um einen Baum, die der Buntspecht (Dryobates major) ausgebeutet hat. Derartige Spechtschmieden finden sich immer dort, wo am Stamm Spalten und Ritzen vorhanden sind, geeignet um die Zapfen für die Samenentnahme einzuklemmen, also auch unter Laubbäumen. Das ganze Jahr über, aber in wechselnder Häufigkeit, kommt in den Nadelwäldern der Fichtenkreuzschnabel (Loxia curvirostra) vor. Lokal brütet in ihnen noch gar nicht so lange der Tannenhäher (Nucifraga caryocatactes).
Unter den Greifvögeln lassen sich Rotmilan (Milvus milvus), Mäusebussard (Buteo buteo) und Turmfalke (Falco tinnunculus) überall beobachten, Habicht (Accipiter gentilis) und Sperber (Accipiter nisus) nur ausnahmsweise. Von den Eulen sind Waldkauz (Strix aluco) und Waldohreule (Asio otus) verbreitet, abgenommen hat die Zahl der Schleiereulen (Tyto alba), ein drastischer Rückgang erfolgte beim Steinkauz (Athene noctua).
Wenngleich sich auch in unserem Gebirge die Bestände mancher

Arten verändert haben, so zeichnet es sich nach wie vor durch ein vielfältiges Vogelleben aus. Wer seine Aufmerksamkeit darauf richtet, darf auf Überraschungen gefaßt sein. So können ihm zu gewissen Zeiten durchaus einmal ein Fischadler (Pandion haliaëtus) begegnen, ein Kormoran (Phalacrocorax carbo), selten wahrnehmbare Vertreter aus dem Kontingent der Sumpf- und Uferbewohner, der Limicolen, zudem andere ziehende Arten, die auf weiter Reise für kürzere oder längere Zeit im Vogelsberg verweilen.

Amphibien und Reptilien

Relativ arm ist die Amphibien- und Reptilienfauna. Von den Schwanzlurchen kommen Feuersalamander (Salamandra salamandra), Kammolch (Triturus cristatus), Berg- (Triturus alpestris) und Teichmolch (Triturus vulgaris) vor. Der Feuersalamander lebt versteckt in den Wäldern, geht nachts auf Beutefang und ist nur an trüben Tagen bei nassem Wetter ausnahmsweise unterwegs. Seine Larven leben als einzige in fließendem Wasser. Auch die Molche sind auf dem Lande nachtaktiv. Sie laichen in stehenden Gewässern, die sie im Frühjahr aufsuchen und in denen sie längere Zeit verweilen können. Hier finden sich auch die Froschlurche ein, von denen Erdkröte (Bufo bufo), Grasfrosch (Rana temporaria) und Teichfrosch (Rana esculenta) die gewöhnlichsten Arten des Gebietes sind. Erdkröte und Grasfrosch verlassen ihre Entwicklungsstätte und halten sich außerhalb der Fortpflanzungsperiode mitunter weit entfernt von ihren Laichplätzen auf, wohin sie im zeitigen Frühjahr zurückkehren. Nur noch lokal kommt der Laubfrosch (Hyla arborea) vor, und ganz selten findet man die Gelbbauchunke (Bombina variegata).

Sehr viele ihrer Laichgewässer sind den Amphibien durch Zutun des Menschen verloren gegangen. Straßen bilden Barrieren auf ihren altgewohnten Wanderwegen zum Wasser. Bei ihrer Überwindung werden in manchen Nächten Hunderte durch Kraftfahrzeuge getötet. Jetzt ist man dabei, aus besserer Einsicht in ihre ökologische Funktion, einer weiteren Verminderung der Bestände entgegenzuwirken. Auch im Vogelsberg werden an Straßenrändern Schutzzäune zur Wanderzeit errichtet, um das Überqueren der Fahrbahn zu verhindern, und Laichgewässer neu angelegt oder wieder amphibiengerecht gestaltet.

An Kriechtierarten sind zunächst Wald- (Lacerta vivipara) und Zauneidechse (Lacerta agilis), sowie die Blindschleiche (Anguis fragilis) zu nennen, die trotz ihres Aussehens keine Schlange, sondern eine Echse ist. Die Waldeidechse, aus deren Eiern die Jungen unmittelbar vor oder nach der Ablage schlüpfen, liebt feuchteres Gelände: Wiesen, Moore, Waldränder und Lichtungen. Die Zauneidechse bevorzugt gebüschreiche, sonnige Stellen, also Waldränder, Kahlschläge, Wegraine oder Böschungen. In lichten Wäldern, Hecken und mäßig feuchten Wiesen hält sich die Blindschleiche auf. Alle Schlangen des Vogelsberges sind harmlos. Die Kreuzotter (Vipera berus) kommt nicht vor. Eine vorzügliche Schwimmerin ist die hauptsächlich an stehenden Gewässern lebende Ringelnatter (Natrix natrix). Trockene, sonnige Hänge mit höherer Vegetation bilden das Revier der Glatt- oder Schlingnatter (Coronella austriaca), wegen ihrer Fleckenzeichnung auf dem Rücken oft mit der Kreuzotter verwechselt. Ihre Jungen sprengen die Eihüllen sofort und häuten sich sogleich, während die jungen Ringelnattern erst 8–10 Wochen nach der Eiablage schlüpfen. Schlangen zählen zu den gefährdeten Arten, daher ist ihr Schutz ein notwendiges Gebot.

Fische

Die ursprüngliche Fischfauna der Fließgewässer hat durch die auch im Vogelsberg streckenweise beträchtliche Wasserverschmutzung gelitten, dazu kamen Bachbegradigungen und mancherorts Veränderungen im Zusammenhang mit dem Angelsport. Sämtliche vorhandenen Teiche dienen der Fischzucht und enthalten die gängigen Speisefische. Soweit die Bäche noch ganzjährig klares, sauerstoffreiches, reines Wasser führen, kann mit der Bachforelle (Salmo trutta fario), der Groppe (Cottus gobio), dem Gründling (Gobio gobio), dem Bachneunauge (Lampetra planeri), der Elritze (Phoxinus phoxinus) und der Bartgrundel (Neomacheilus barbatulus) gerechnet werden. Mehr im Mittellauf treten Plötze (Rutilus rutilus), Flußbarsch (Perca fluviatilis), Döbel (Leuciscus cephalus), Schneider (Alburnoides bipunctatus) und Aal (Anguilla anguilla) hinzu. Manche Fische des Fließwassers können auch in Teichen mit hinlänglich sauberem Wasser leben, wie Gründling, Groppe, Flußbarsch und Plötze. Ansonsten sind die Teiche besetzt mit Schleie (Tinca tinca), Karpfen (Cyprinus carpio) und Regenbogenforelle (Salmo gairdneri) als Nutzfische. Weitere Teichbewohner sind Rotfeder (Scardinius erythrophthalmus), Karausche (Carassius carassius), Giebel (Carassius auratus gibelio) und das Moderlieschen (Leucaspius delineatus), welches in recht kleinen Tümpeln noch sein Auskommen zu finden vermag.

Beträchtliche Auswirkungen zeitigen zivilisationsbedingte Einflüsse auf die Fauna der Bergbäche. Eingetretene Änderungen der Wasserführung, der Strömungsgeschwindigkeit, des Stoffhaushaltes, der Temperatur haben ihre tierische, eng an die natürlichen Eigenschaften ihres Biotopes angepaßte Lebensgemeinschaft auf weite Strecken hin zerstört. Viele Bachbewohner reagieren recht empfindlich auf veränderte Milieuverhältnisse und sind verläßliche Anzeiger für eingetretene Verschlechterung der Wassergüte. So fehlen in bestimmten Abschnitten heute Strudelwürmer, Muscheln, Flohkrebse und viele Arten von Insektenlarven. Der Flußkrebs (Astacus astacus) ist beinahe ganz verschwunden. Betroffen in ihrem Vorkommen sind die Eintagsfliegen und Steinfliegen, die sich als ausentwickelte Insekten in Ufernähe zeigen, ebenso die Köcherfliegen und der größte Netzflügler des Vogelsberges, der Bachhaft (Osmylus fulvicephalus). Äußerst gefährdet ist die Flußperlmuschel (Margaritifera margaritifera), deren Restbestand im Vogelsberg das einzige bekannte Vorkommen auf Basaltboden darstellt. Gleiches gilt für die ausschließlich in Quellen lebende Schnecke (Bythinella dunkeri compressa), die in einer eigenen Rasse vertreten ist.

Besser bestellt ist es um die Tierwelt der stehenden Gewässer. Teiche und Tümpel bieten Lebensraum für Süßwasserschwämme, deren tierische Natur sich nicht ohne weiteres erschließt. Süßwasserpolypen sitzen an Wasserpflanzen, Moostierchen überziehen tote Gegenstände und Pflanzenteile mit ihren Kolonien. Viele Arten von Faden- und Borstenwürmern sind im Schlamm verborgen, in den sich Muscheln eingraben. Schnecken kriechen auf Nahrungssuche umher, ihrerseits wieder Beute für einige der 11 bisher vorgefundenen Egelarten. In Ufernähe rudern mitunter bunt gefärbte Wassermilben einher, und zwischen den Pflanzen hält sich die Wasserspinne (Agyroneta aquatica) auf, die einzige unter allen Spinnen, die ihr ganzes Leben im Wasser zubringt.

In der Kleinlebewelt des freien Wassers, im Plankton, wimmelt es zuzeiten von Einzellern, desgleichen von Wasserflöhen und Hüpferlingen, die zu den Krebstieren zählen. Das Heer der Insekten ist mit Eintagsfliegen, Wasserwanzen, von denen die auf der Wasseroberfläche weilenden Wasserläufer am auffälligsten sind, und Libellen zugegen. Letztere sind in 34 Arten vorhanden, unter ihnen Exemplare eindrucksvoller Flugtüchtigkeit und Größe. Ferner stellen die Schwimm- und Wasserkäfer ein stattliches Kontingent. Der größte ist der Gelbrand (Dytiscus marginalis), ein wendiger Schwimmer und Taucher. Auf Schilf und Gebüsch

sitzen Schlammfliegen, gleich Eintags- und Köcherfliegen keineswegs mit den echten Fliegen näher verwandt. Von den eigentlichen Zweiflüglern, den Mücken und Fliegen, ist eine beträchtliche Zahl zu ihrer Entwicklung ebenfalls auf stehendes Wasser angewiesen. Bei ruhiger Wetterlage stellen sich über dem Wasserspiegel und der Ufervegetation die Tanzschwärme mancher Arten ein. Die Mannigfaltigkeit des Lebens an den Teichen wird noch gesteigert durch die Menge der Käfer, Schmetterlinge, Hautflügler und anderer Insekten, die ihre Entwicklungsstätte in und an den Pflanzen der unmittelbaren Umgebung haben.
Überhaupt birgt der Vogelsberg wegen seiner Feuchtbiotope, aber auch der hohen Niederschläge eine Fülle von Kleintierarten, für deren Dasein hohe Luft- und Bodenfeuchte Voraussetzung ist. Das läßt sich beispielsweise aus dem Kontingent von insgesamt 88 Landschneckenarten ersehen, die in der Mehrzahl recht feuchtigkeitsliebend sind. Darunter befinden sich sogar solche, für die dieses Mittelgebirge eine Verbreitungsgrenze darstellt, die also östlich oder westlich von ihm nicht vorkommen. In den dauerfeuchten Böden leben 19 Regenwurmarten, von denen eine sonst in Deutschland nur noch im Schwarzwald gefunden wurde. Ihre große Bedeutung für die Humuserzeugung gilt als allgemein bekannt. Weniger geläufig dürfte sein, daß auch die Tausendfüßer dabei eine unentbehrliche Hilfe sind. Ihre 24 Arten trifft man unter Steinen, in Holzmulm oder in der Streuschicht am Boden an.
Im Blick auf die allgemeine Klimasituation sollte man eigentlich erwarten, daß solche Tiere dem Vogelsberg fehlen, die ausgesprochen trockenheits- und wärmeliebend sind. Die Nachsuche hat ergeben, daß auch sie an manchen Orten in beträchtlicher Anzahl vorkommen, ihre Umweltansprüche also erfüllt sein müssen. Vor allem sind es günstig exponierte, entwaldete Hänge mit einem Kleinklima, welches die Existenz jener Arten ermöglicht. Allein dort findet man bestimmte Heuschrecken, Zikaden, Wanzen, Käfer, Bienen-, Wespen- und Ameisenarten, Schmetterlinge und Fliegen. Darunter sind ausgesprochene Seltenheiten oder südlich verbreitete Arten mit vereinzelten Fundplätzen nördlich des Maines. Forschern war es sogar möglich, hier gewisse Insekten zum ersten Mal für Deutschland nachzuweisen. Man kann daraus entnehmen, wie wichtig und richtig es ist, derartige Biotope so wenig wie möglich anzutasten. Sie sind zwar allesamt von Menschenhand, es bildete sich aber in ihnen eine ganz eigentümliche Lebensgemeinschaft heraus.
Zu den Insekten, denen man unterwegs am ehesten Beachtung schenkt, gehören die am Tage fliegenden Schmetterlinge. Zwar hat wie allenthalben auch in unserem Gebiet ihre Zahl abgenom-

men, längst fliegen sie nicht mehr in solchen Individuenmengen wie früher, doch lassen sich noch viele der 84 eigentlichen Tagfalter mit ziemlicher Regelmäßigkeit wenigstens lokal beobachten, darunter der Schwalbenschwanz (Papilio machaon) und der große Eisvogel (Limenitis camilla). Unter ihnen ist der Schwarze Apollo (Parnassius mnemosyne), im Oberwald fliegend, zweifellos die größte Rarität. Außer im Vogelsberg kommt er heute nur noch an sechs bekannten Örtlichkeiten vor.

Wenn auch nicht so leicht zu sehen, erregen manche Heuschrekken als besonders große Insekten Aufmerksamkeit. Es mag überraschen zu erfahren, daß im Gesamtraum unseres Mittelgebirges 45 Arten festgestellt wurden, darunter ebenfalls wieder keineswegs allgemein verbreitete.

Weiterhin finden die hügelbauenden Ameisen immer wieder lebhaftes Interesse. Nicht alle der bis jetzt registrierten 36 Arten formen auffällige Nestbauten. Es gibt etliche, die sehr versteckt in Holz oder unter Steinen siedeln.

Selbst dem flüchtigen Beschauer verraten, soweit sie Fangnetze anfertigen, die Spinnen ihre allgegenwärtige Anwesenheit. Sie treten in beachtlicher Dichte auf, und mit den 218 inzwischen festgestellten ist das Arteninventar noch längst nicht vollständig. Neu zugewandert ist die hübsch gezeichnete Wespenspinne (Argyope bruennichi) von der Wetterau her in zwei Vogelsbergtäler.

Sicher wird der Kenner manche von anderen Orten vertraute Tierarten vermissen, doch gibt es andererseits nicht wenige, die an das Mittelgebirge gebunden sind und der Ebene fehlen. Es sind Bewohner der montanen Region, zumeist unscheinbare oder heimlich lebende Geschöpfe, die in ihr ein Refugium gefunden haben. So weist der Oberwald Arten auf, deren nächstes Vorkommen oft weit entfernt liegt. Hierzu gehören die Zikaden Kelisia vittipennis, Erythria manderstjernai, die Käfer Tropiphorus cucullatus, Stenus oscillator, die Schmetterlinge Scoparia sylvestralis, Udea decrepitalis, Cidaria affinitata, der Weberknecht Ischyropsalis hellwigi, alles Tiere, die keinen geläufigen deutschen Namen haben. Es wurden überraschenderweise sogar Arten nachgewiesen, die man bis dahin nur aus den Alpen kannte, wie die Zikade Cixius montanus, die Mücke Tipula zernyi und die Schnecke Lehmannia ripicola. In den kältesten Lagen des Vogelsberges finden sie zusagende Lebensbedingungen. Selbst im Winter kann man dort auf der Schneedecke Insekten umherlaufen sehen: den sogenannten Schneefloh Boreus westwoodi, eine Schnabelfliege, die flügellose, spinnenähnliche Fliege Chionea lutescens oder Käfer aus der Familie der Kurzdeckflügler. Die Reihe ließe sich noch fortsetzen. Darunter sind Tiere, die vorzeiten einmal weiter ver-

breitet waren, deren Existenzmöglichkeit sich jedoch durch Klimaveränderungen einengte. Die Gipfelbereiche von Mittelgebirgen gewährten ihnen Zuflucht, wo sie bis jetzt überdauerten.
Die Wälder des Vogelsberges bergen eine reichhaltige Fauna. Nicht allein die Mehrzahl der Wirbeltiere hält sich dort auf, in sämtlichen Vegetationsschichten lebt Kleingetier in Menge. Je nach Nahrungsbedarf, Entwicklungsort und sonstigen ökologischen Ansprüchen sind diese Organismen weithin verteilt oder lediglich an gewissen Pflanzen und am Boden auf und in der Streu- oder Humusschicht zugegen. Aus dem Reiche der Insekten enthalten manche Walddistrikte solche, die Arten angehören, denen in unseren intensiv bewirtschafteten Forsten weitgehend die Voraussetzungen für ihr Dasein genommen wurden. In Altholzbeständen des Naturparkes vermögen sie noch, dank günstiger Umstände und einer weitsichtigen Forstverwaltung hier und da ihr Leben zu fristen. Man hat sie als Urwaldrelikte bezeichnet. Sie benötigen sehr alte, ganz oder teilweise abgestorbene, stehende oder bereits gestürzte Bäume, wie man sie auch in einigen der Naturschutzgebiete vorfindet. Kaum einmal zeigen sie sich am Tage, bleiben im Holz oder Mulm oder verlassen in der Dunkelheit ihr Versteck. Erst wenn das Holz einen bestimmten Zersetzungsgrad aufweist, ist es für ihre Entwicklung tauglich. Im ungestörten Ablauf des Werdens und Vergehens sorgen sie mit dafür, den Humifizierungsprozeß zu beschleunigen. Da einige von ihnen zu den seltensten heimischen Tierarten zählen, sollte ihnen durch Erhalt von Altholzinseln und Verzicht auf Entnahme auch des letzten abgestorbenen Baumes, im Einklang mit den Forderungen des Vogelschutzes, in den Waldungen des Vogelsberges fernerhin Heimatrecht gewährt werden. In der Mehrzahl handelt es sich um Käferarten.
Wenngleich sich beim Dahinschreiten oder während kurzer Rast nur ein Bruchteil tierischen Lebens dem Wanderer offenbart, so vermittelt doch das Sichtbare schon einen Eindruck von der herrschenden Mannigfaltigkeit und ruft jene innere Gespanntheit hervor, welche Neugierde weckt, die ihn auf seinem Wege weiterzieht und gleichzeitig zum Verharren und Beobachten zwingt, immer und immer wieder.

Kurt Kühnemann

Geschichte und Baudenkmäler

Geschichte

Der Urzeitmensch hat dem Vogelsberg nachweislich kein großes Gefallen abverlangen können. Zu hart waren hier in der Regel die Lebensverhältnisse. Erste Siedlungsspuren datieren daher erst aus der Stein- und Bronzezeit: Waffen, Geräte, Schmuckstükke. Eine etwas intensivere Vogelsberg-Erschließung dürfte vor etwa drei Jahrtausenden erfolgt sein.

Hügelgräber-Ansammlungen aus jener Periode, die westlich von Ober-Mockstadt zu finden sind, bei Allmenrod, südlich von Lauterbach und im Osten von Herbstein, lassen dieses ebenso vermuten wie ähnliche Funde nahe Eichelsdorf, bei Rainrod, Laubach und Stockhausen.

So unwirtlich der Vogelsberg auch heute noch sein kann, sein Besitz – oder zum mindesten die Beherrschung – wurde zu einem Machtinstrument im geopolitischen Denken und Handeln der Großen schon in frühgeschichtlicher Zeit. Den Vogelsberg durchquerten wichtige Verbindungsstraßen, Schlagadern nicht nur der Wirtschaftsinteressen, sondern auch Kanäle für geistige Aufbrüche in neue, aber nicht immer bessere Zeiten. Jedenfalls mußten die Menschen immer wieder hinter Ringwälle flüchten, deren Reste noch heute auf dem Wildhauskopf ausgemacht werden können, bei Eschenrod, auf dem Alteburgskopf bei Schotten. Andere solche Spuren von Refugien, die Schutz bieten sollten vor Raub, Plünderung oder anderer Gewalt, lassen sich auf der Herchenhainer Höhe nachweisen und in der Nähe von Kaulstoß. Die Römer hatten dagegen mit dem Vogelsberg wenig im Sinn, nicht weil er ihnen zu unheimlich erschien, aber diese Leute waren eben Realisten. Ihnen genügte die limesbewehrte und überaus fruchtbare Wetterau.

Die Merowinger- und Karolinger-Zeit ist für das Vogelsberg-Gebiet gekennzeichnet durch eine erstaunlich rege Besiedlungstätigkeit. Zwischen den Jahren 400 bis 800 entstand die Mehrzahl der mit -dorf oder -hausen endenden Orte. Von der nächsten Erschließungsphase künden die Endsilben -rod. Man baute jetzt die Behausungen nicht mehr wie Eichelsdorf oder Ilbeshausen eng zusammengedrängt auf kleinen Flächen, die die urwaldähnliche Baumpracht freigelassen hatte, sondern es erfolgen zuerst einmal massive Rodungen: Für Eschenrod, Eichenrod, Rainrod oder

Engelrod, wie alle die anderen Siedlungen, die im Vogelsberg bis um das Jahr 1200 entstehen.
Schon erstaunlich früh hinterläßt auch das Christentum seine Spuren, nicht zuletzt wohl weil der Leichnam des Bonifatius 754 von Mainz nach Fulda durch dieses Gebiet überführt wurde. Der neue Glaube schlug sich schon bald in Namen wie Taufstein, Bonifatius-Quelle und -Kanzel, aber auch in der Art von »Mönchborn« nieder. Mit ihm entstanden aber auch die ersten bis heute hieb- und stichfesten zeit- und kulturgeschichtlichen Einblicke aus jener Zeit. Gemeint sind die den Vogelsberg betreffenden Klosteraufzeichnungen von Hersfeld, Lorsch und Fulda.
Geistlicher Grund- und Bodenbesitz breitete sich erheblich aus. Was nicht den Klöstern gehörte, nannten die Herren von Nidda, Ziegenhain, Büdingen, Lißberg, Rodenstein ihr eigen, zusammen oder im Streit untereinander, bei dem dann auch die Eppsteiner, Königsteiner und Trimberger mitmischten. Dabei ging es

Vogelsberger Bauernhof in Lanzenhain

Teufelsmühle in Ilbeshausen

dann meist um die Anhäufung von kleinen Höfen, deren Bewohner meist mit nur acht bis zehn Hektar Land pro Ort belehnt waren. Von ungleich größerer Bedeutung waren die Waldnutzungs- und Jagdrechte.
Das erste Vogelsberger Gotteshaus wurde 1016 in Wingershausen, südlich von Schotten gelegen, eingeweiht. Es folgte die Kirche von Crainfeld im Jahre 1020. Breungeshain bekam als dritter Vogelsbergort 1057 seine Kirche. Etwa 150 Jahre später wies das ganze Gebiet etwa doppelt so viele Siedlungen wie heute auf. Die seither verschwundenen Orte fielen »wüst«, meist weil sich in günstiger gelegenen Dörfern bessere Lebens- und Arbeitsbedingungen boten, zum anderen gaben in den immer kriegerischer werdenden Zeiten die neuen Städte auf die Dauer mehr Schutz. Zu diesen Kristallisationspunkten rechneten in erster Linie Ulrichstein nach seiner Gründung im Jahre 1341, ferner ab 1354 Schotten, gefolgt von Gedern mit dem Gründungsjahr 1356.

In erheblichem Abstand kommt dann erst Laubach, das als Stadt seit 1419 existiert. Bewirtschaftet wurden die Ländereien um die wüstgefallenen Siedlungen in den meisten Fällen jedoch weiter, bis auch dieses nicht mehr lohnte. Wer sich heute im Vogelsberger Oberwald noch manchmal über die in regelmäßigen Abständen sichtbaren Querraine wundert, hat hier die letzten Spuren dieses mittelalterlichen Landbaues vor sich. Von den meisten der alten Felder hat allerdings schon seit Jahrhunderten der Wald wieder Besitz ergriffen.
Der Tod Philipps des Großmütigen und die sich nun anschließenden hessischen Teilungen hatte auch für den Vogelsberg erhebliche politische Bedeutung, wurden so doch erneut Zwistigkeiten gefördert. Alsfeld, Grünberg, Nidda und Ulrichstein, ferner die Ämter Burkhards, Schotten und Stornfels kamen zu Hessen-Darmstadt. Lauterbach gehörte den Freiherren Riedesel. Die Häuser Solms und Hohensolms übten die Herrschaft in Laubach, Lich und Umgebung aus. Gedern war Stolberg-Wernigeroder Besitz. Außenposten des bischöflichen Amtes Fulda blieb Herbstein, und in Büdingen residierten die Fürsten zu Ysenburg. Schließlich gab es aber auch noch Machteinflüsse von Friedberg her, das sich die mittelrheinische Ritterschaft zum Sitz erkoren hatte.
Der Vogelsberg wurde aber auch zum Schauplatz größter sozialer Kontraste: Auf der einen Seite das Bild glanzvoller Jagden, die vor allem das Landgrafenschloß Zwiefalten zum Ausgangs- oder Mittelpunkt hatten, den Landgrafenborn oder die Romroder Forsten, zum anderen das höchst bescheidene, ja sogar ausgesprochen elende Dasein der kleinen Landleute, Handwerker. Wer es von ihnen vermochte, wanderte im Laufe der Jahrhunderte aus, nach Schlesien zuerst, dann nach Polen und Ungarn, ja sogar bis an die Wolga, später hauptsächlich nach Amerika.
Machte es ihnen die Obrigkeit, verbunden mit den natürlichen Unbilden, auch nicht immer leicht zu bleiben, die Menschen, die im Vogelsberg Generationen über Generationen ausharrten, wurden zu einem ganz besonderen Volksschlag.
Sie beeindruckten durch Lebensernst und Beständigkeit. Ihre Nüchternheit schloß allerdings plötzliches Aufbegehren in besonderen Zeiten der Not und Bedrängnis nicht aus, Frucht eines durch permanent harten Existenzkampf gestählten Selbstbehauptungswillens und -vermögens. Einfache Lebensweise in reiner Luft, die Abhärtungen durch strenge Winter ließen die Menschen im Vogelsberg oftmals aber auch älter werden als in den hessischen Ebenen. Die Menschen dieses Berglandes galten als Leute von großer Biederkeit, Ehrlichkeit und Hilfsbereitschaft, »noch nicht so viel wissend von verdorbenen Sitten und Gebräuchen«.

Gepriesen wurde des Vogelsbergers »schlichte Frömmigkeit, die ihn stets erkennen läßt, daß auch der schmalste Besitzertrag von Gott kommt, er also bereit ist alles, auch schlechte Jahre, ruhig aus Gottes Hand zu nehmen«.
Dem war zwar nicht immer so, und vollends heute ist der Vogelsberg keineswegs mehr eine Art von ethnischem Reservat. Fest verankert aber sind noch immer sehr ausgeprägtes Familiengefühl, Sinn für Althergebrachtes, große Natur- und Wanderliebe, Pflege eines regen Gemeinschaftslebens.

Baudenkmäler

Seit dem Mittelalter hat die Vogelsberger Handwerkskunst einen hohen Stellenwert. Holz und Stein als Hauptmaterialien waren reich vorhanden. Sie zu bearbeiten bot ganz andere Entfaltungsmöglichkeiten als die stets nur karge Landschaft. So entstanden viele ansehnliche Profan- und Sakralbauten, starke und kunstvoll ohne Mörtel geschichtete Wehranlagen, meisterlich verschindelt die Dächer in Dörfern und Städten. Im Fachwerk fallen sogenannte »Wildemannverstrebungen« auf, geschnitzte Eckpfosten mit Rähmlingen, die den Erbauernamen tragen, mit Jahreszahlen, weltlichen oder religiösen Inschriften versehen sind. Andreaskreuze füllen oftmals die Obergeschoß-Brüstungsfelder der Häuserfronten. Erhalten blieben (oder werden heute auch wieder freigelegt) Kratzputzmuster mit kalksandsteingetünchten Gefachen.
Besonders eindrucksvolle Bürgerbauten sind die Rathäuser von Alsfeld und Schotten, die beide aus dem Jahre 1512 stammen. 1691 wurde die prächtige Teufelsmühle von Ilbeshausen errichtet. In Crainfeld gibt es den ungemein ansehnlichen Edelhof zu bewundern. Als weitere Höchstleistungen historischer Zimmermanns- und Baumeisterkunst gelten Fachwerk-Bürgerhäuser in Lich, Laubach, Grünberg und Herbstein. Von der meisterhaften Verwendung des Basaltmaterials zeugen die Schlösser von Eisenbach, Laubach, Gedern und Schotten. In Ulrichstein bildet die historische Zehntscheuer einen besonderen Anziehungspunkt. Wer alte Stadtbefestigungen sucht, findet sie bestimmt am eindrucksvollsten in Büdingen erhalten. Andere teilweise noch gut erhaltene Wehranlagen zeichnen Laubach, Herbstein und Lauterbach aus.

Fachwerkkirche in Eichelsachsen

Kreuzsteine und Grenzzeichen

Zum Wesen des Vogelsbergs und seiner Menschen gehören aber auch die merkwürdigen Kreuzsteine. Sie befinden sich meist an alten längst vergessenen Straßen und hier speziell an Knoten des einstigen Handelsverkehrs.

Die verwitterten und oftmals auch verstümmelten Steinsymbole treten dabei nicht nur in Kreuzform auf, anzutreffen sind vielmehr auch runde oder sogar eckige Steinplatten mit Kreuzsymbolen, Jahreszahlen, sogar auch Schriftzeichen. Die Bedeutung manch dieser Markierungen wird wohl für immer rätselhaft bleiben, andere sind Sühnezeichen, sie weisen auf tragische oder grausige Geschehnisse hin, haben religiöse Bedeutung oder sind verbunden mit Sagen und Legenden. Anders als diese mittelalterlichen Wegekreuze erinnern die Vogelsberger Flurdenkmäler aus dem 16. bis 19. Jahrhundert überwiegend an Unfälle. Aber auch kriegerische Begebenheiten schlagen sich hier nieder.

Der ausgesprochene Rechtssinn der Menschen dieser Landschaft, ihr Bemühen, klare und beständige Verhältnisse zu schaffen, kommt in einer Fülle heute noch vorhandener – und bis in die Gegenwart hinein oftmals auch bedeutsamer – Grenzzeichen zum Ausdruck. Diese behauenen Steine tragen Buchstaben, Ziffern oder Wappen. Aber auch viele andere Symbole sind auf diesen Reliefdarstellungen zu sehen. Besondere Bedeutung kommt hier den »Drei-Märkern« oder »Vier-Märkern« zu. Es gibt sogar Fischerei-Grenzsteine, Geleit-, Meilen- und Unterhaltungssteine an den alten Fahrwegen oder Fußpfaden. Sie sind genauso Bestandteil dieser Landschaft und ihrer Bewohner wie die häufig anzutreffenden schlichten Bildstöcke und Fluraltäre (in den katholischen Vogelsberg-Inseln), Brückenfiguren oder Ruhesteinen. Trotz intensiver Heimatforschung und immer zahlreicherer Literatur über diese alten Kennzeichen werden auch viele ihre letzten Geheimnisse wohl für immer für sich behalten, wie überhaupt manche Vogelsberg-Erscheinung nur unvollkommen in das Raster eines rationalen Denkens, das alles aufhellen will, paßt.

Naturschutzgebiet Rotenbachteich

Ernst Happel, Geschäftsführer des Zweckverbandes Naturpark Hoher Vogelsberg

Natur- und Landschaftsschutz

Schauen wir heute von einem schönen Aussichtspunkt des Vogelsberges über die Landschaft, so sehen wir das Land wie einen bunten Flickenteppich vor uns. Wälder, Feldfluren, von natürlich entstandenen Lesesteinhecken und Schutzpflanzungen gegliedert, liegen in buntem Wechsel von Dörfern, Bachläufen und Verkehrswegen vor uns. Wir empfinden die Landschaft als abwechslungsreich und schön trotz inzwischen vielfältig eingetretener Veränderungen und wissen doch, daß sie in ihren Grundzügen einst von bäuerlichen Menschen nicht bewußt ästhetisch gestaltet wurde. Vielmehr entstand die Landschaft durch sinnvolle wirtschaftliche Nutzung. Der Bauer hatte noch ein aktives Verhältnis zur Natur. Er handelte nicht gegen ihre Gesetze und nahm die natürlichen Faktoren der Landschaft – Boden, Klima, Wasser, Tier- und Pflanzenwelt – »in die Hand«, indem er sie für Siedlungs- und Nahrungszwecke nutzte. Tatsächlich ist unsere Vogelsberger Kulturlandschaft wesentlich von der Pflugfurche her entwickelt worden. Die Zugkraft der Gespanne bestimmte die Schlagrichtung und damit die Gliederung der Gewanne und der Landschaft. Auch die für den Vogelsberg so typischen Lesesteinwälle mit ihren heute noch artenreichen und ökologisch überaus wertvollen Heckenbeständen entstanden so. Die Steine wurden an den Rändern der Nutzflächen zusammengetragen und von Strauch- und Baumarten besiedelt. Sie verlaufen wie die Streichrichtung der Felder überwiegend hangparallel, gleichzeitig den Bodenabtrag verhindernd, das Kleinklima verbessernd und vielen Arten aus Flora und Fauna Lebensgrundlagen bietend.
Inzwischen ist die Entwicklung weitergegangen. Sie führte zur heutigen intensiv betriebenen Landwirtschaft, die im Zielkonflikt mit Naturschutz und Landschaftspflege steht. Landbewirtschaftung, den Forst eingeschlossen, ist heute eine ökonomische Tätigkeit zur Nutzung des Bodens und der Natur. Naturschutz und Landschaftspflege richten sich hingegen nicht nach ökonomischen Gesichtspunkten aus. Sie stellen keine direkte Nutzung von Natur und Boden dar. Landwirtschaft hat Ziele, die Naturschutz und Landschaftspflege allenfalls im Nebeneffekt günstig mit beeinflussen, keinesfalls aber diese zu ihrem Zweck haben. Die ökonomisch ausgerichtete Landwirtschaft richtet sich mehr und mehr nach industriellen Methoden und zielt auf Produktion großer Mengen. Sie bedient sich der Maschinen, des Handelsdün-

gers, der vielen Schädlings- und Unkrautbekämpfungsmittel, der Flurneuordnung, Drainagen, Begradigungen usw. Diese Umstände haben die einst durch die Waldrodung sowie durch die Öffnung und Bebauung des Landes bewirkte Zunahme des Artenreichtums umgekehrt. Heute haben wir einen nie dagewesenen Artenschwund, eine ökologische Verarmung und eine gefährliche Belastung des Bodens mit Giften zu registrieren.
Natürlich dürfen auch die verschiedenen Epochen der Industrialisierung und die städtebauliche Entwicklung ebensowenig außer acht gelassen werden wie die hierdurch bedingte Verkehrserschließung, die steigende Freizeit der Menschen, der Wohlstand und der Massentourismus. Alles dies hat dazu beigetragen, den Naturhaushalt aus dem Gleichgewicht zu bringen. Als Reaktion auf diese verhängnisvolle Entwicklung entstand erst um die Jahrhundertwende eine Gegenbewegung zum Schutze der heimatlichen Natur und Landschaft. Von den Pionieren dieser Zeit sei hier nur Ernst Rudolff genannt. Er greift schon damals die Flurbereinigung scharf an, die zügellose Industrialisierung, die Verschandelung der Städte und die Ausartung des Tourismus. Er ist es, der 1888 den Begriff Naturschutz prägt. In diese Zeit fallen auch die Gründungen bedeutender Naturschutzverbände und der Wandervereinigungen, die sich ebenfalls mit Nachdruck für die Erhaltung der Natur und für maßvollen Tourismus einsetzen.
Stellvertretend müssen der Bund für Vogelschutz, heute Deutscher Bund für Vogelschutz (DBV, Gründung 1899) und der Vogelsberger Höhen-Club (VHC, Gründung 1881) genannt werden. Der VHC war damals die erste und einzige Vereinigung im Vogelsberg, die sich mit Energie und Nachdruck dem Natur- und Heimatschutz widmete. Das Massenwandern wurde geordnet durch die Einrichtung von Wanderpfaden sowie durch Aufklärung und Werbung unter den Mitgliedern und der Bevölkerung über das Verhalten in der Natur. Unter Naturschutz verstand man damals vor allem den Schutz einzelner Tier- und Pflanzenarten, nämlich das Vorgehen gegen übermäßiges Blumenpflücken und gegen die Zerstörung von Vogelnestern, das Aufhängen von Vogelnistkästen, die Winterfütterung der Vögel und anderer Wildtiere usw., kurz den Artenschutz, wie wir heute sagen. Dazu kam die Sauberhaltung der Landschaft. Probleme, die bis heute nur unvollständig gelöst werden konnten.
Durch die Einflußnahme des VHC wurde im Jahr 1906 der Wald auf der Felskuppe des Taufsteins aus der forstlichen Bewirtschaftung genommen und der Natur zurückgegeben. So entstand eines der ältesten Naturschutzgebiete des Vogelsberges, im Volksmund »Urwald am Taufstein« genannt.

Am 24.02.1928 richtete der Gesamtvorstand des VHC eine Eingabe an den Hessischen Landtag, die Regierung und an andere zuständige Behörden und forderte bereits die Unterschutzstellung des Hohen Vogelsberges ab der Höhenlinie 700 m ü.M. Gleichzeitig wurden zwei Listen vorgelegt, in denen seltene Pflanzen- und Tierarten des Vogelsberges zum Schutze vorgeschlagen wurden. Trotz intensiver Bemühungen und verschiedener Gutachten von Fachleuten blieb der Vorstoß des Vereins leider ohne Erfolg.
Lange Zeit mußte noch vergehen und viele Vorstöße wurden noch unternommen, bis der Naturschutz im Vogelsberg wirklich brauchbare Ergebnisse zeitigte. Selbst das fachlich gute und damals beispielhafte Reichsnaturschutzgesetz von 1935 brachte nur ansatzweise Fortschritte durch die Ausweisung einer Anzahl von Naturdenkmalen in Form von Einzelbäumen oder Felsgruppen u.ä., so z.B. den Bilstein, den Geiselstein oder das Hochmoor auf der Breungeshainer Heide. Damit wurden zwar Einzelbäume von besonderer Seltenheit und Schönheit und geologisch interessante Schöpfungen der Natur geschützt, nicht jedoch die Flora und Fauna dieser Gebiete. Das Reichsnaturschutzgesetz stellte zwar ebenfalls eine Reihe seltener Pflanzen- und Tierarten erstmalig unter Schutz, nicht aber deren Lebensräume. So kam es, daß durch Flurbereinigungen und die Aufforstung ökologisch wertvoller Grenzertragsböden vielen geschützten Arten der Lebensraum entzogen wurde und das Sterben der Natur weiterging.
Nach dem zweiten Weltkrieg, in der Wiederaufbauphase, durch die Entwicklung und den Einsatz moderner Technik, von Chemikalien u.a. und durch einen unerschütterlichen Fortschrittsglauben nahm die Zerstörung des Naturhaushaltes beängstigende Formen an. Man hatte, besonders auch in der Landwirtschaft, vielfach vergessen, daß die Natur ihre eigenen Gesetze hat, die sich mit denen der Technik und der Ökonomie nicht folgenlos überwinden lassen. So kommt es, daß auch im Vogelsberg besonders die Pflanzen- und Tierarten der Feucht- und Sumpfwiesen, der Magerrasen und der Ackerflächen sowie viele alte Dorfpflanzen durch Begradigungen, Drainagen, Düngung, Aufforstung, chemische Unkrautbekämpfung und Bodenversiegelung vielfach vom Aussterben bedroht sind. Lediglich der Umstand, daß manche Standorte für die Land- und Forstwirtschaft wirtschaftlich unrentabel sind, hat, wie schon in den vergangenen Jahrhunderten, einzelne Refugien seltener Arten gerettet. Nur deshalb sind in der reizvollen Landschaft des Vogelsberges auch heute noch viele botanische und zoologische Kostbarkeiten heimisch, wenn auch mittlerweile in stark reduziertem Umfang und mit abnehmender Zahl.

Naturschutzgebiete im zentralen Vogelsberg

Erst in den fünfziger und sechziger Jahren unseres Jahrhunderts setzte sich besonders durch die zähe Arbeit der privaten Naturschutzorganisationen und auf Druck der öffentlichen Meinung auch beim Gesetzgeber die Einsicht durch, daß neben dem Schutz der einzelnen Arten auch deren Lebensräume erhalten werden müssen. Zum Artenschutz trat der Biotopschutz. Diese Erkenntnisse fanden ihren Niederschlag im Bundesnaturschutzgesetz von 1976 und im Hessischen Naturschutzgesetz von 1982.
In der Naturschutzpraxis zeigte sich dies durch die vermehrte Ausweisung von Naturschutzgebieten. Im zentralen Vogelsberg wurden folgende Flächen unter Naturschutz gestellt:

	ha	seit	zust. Forstamt
Blockfelder am Taufstein	7,44	1973/74	Schotten
Forellenteiche	27,20	1973/74	Schotten
In der Breungeshainer Heide	62,80	1974	Schotten
Ober-Mooser Teich	56,54	1975	Grebenhain
Reichloser Teich	38,75	1976	Grebenhain
Rotenbachteich	25,00	1974	Grebenhain
Wäldchen am Oppenrod	6,36	1974	Grebenhain
Talauen von Nidder u. Hillersbach	279,00	1982	Schotten/ Büdingen
Ernstberg bei Sichenhausen	17,09	1982	Schotten
Kleinseggensumpf bei Breungeshain	7,51	1983	Schotten
Duttelswiese bei Bermuthshain	17,67	1986	Grebenhain

Für jedes dieser Naturschutzgebiete gibt es eine gesonderte Naturschutz-Verordnung, die auf das jeweilige Schutzziel zugeschnitten ist und entsprechende Ge- und Verbote enthält. Naturschutzgebiete weisen den höchsten gesetzlichen Schutzstatus auf, den es gibt. Hier hat die Natur absoluten Vorrang vor wirtschaftlichen Interessen und vor Bedürfnissen der Erholung. Alle Gebiete werden wissenschaftlich betreut und beobachtet. Mit diesen Flächen wurden zum Teil sogenannte Sekundärbiotope (von Menschen geschaffene Lebensräume) unter Schutz gestellt, z.B. die alten Mähwiesen im Naturschutzgebiet Forellenteiche oder ehemalige Hutungen im NSG Ernstberg bei Sichenhausen. Sie müssen mit hohen jährlichen Investitionen entsprechende Pflege erhalten. Die ehemalige Bewirtschaftungsform muß fortgesetzt werden, damit die Lebensräume seltener Pflanzen und Tierbe-

stände auch erhalten werden. Würde die Pflege unterbleiben, entwickelten sich die Gebiete zu Brachen und später zu Wald zurück, die Schutzwürdigkeit ginge verloren. In der Regel ist das Betreten dieser Gebiete nur für Pflegearbeit und für wissenschaftliche Zwecke von besonders beauftragten Personen gestattet.
Bereits 1956 wurde das Landschaftsschutzgebiet Hoher Vogelsberg eingerichtet. Das Gebiet wurde 1975 zum Landschaftsschutzgebiet Vogelsberg – Hessischer Spessart erweitert. Die dazu ergangene Landschaftsschutzverordnung soll das Gebiet vor Zersiedlung und anderen drastischen Veränderungen des Landschaftscharakters bewahren und es so als Erholungsraum für die Bevölkerung, zugleich aber auch als Rückzugsgebiete für die Natur erhalten.
1958 wurde darüber hinaus der Naturpark »Hoher Vogelsberg« gegründet. Er liegt im LSG Vogelsberg/Hess. Spessart und umfaßt rd. 385 qkm Fläche (s. dazu das Kap. Naturpark Hoher Vogelsberg).
Das Bestreben, Erholung sowie Landschafts- und Naturschutz im selben Gebiet zu praktizieren, birgt natürlich Konflikte. Es liegt zwar nahe, die Erholungssuchenden an die Natur heranzuführen und sie an den Schönheiten des Vogelsberges teilhaben zu lassen, es ist aber schwer, den Naturhaushalt unbeschadet vom Massenansturm der Touristen und Wintersportler durch das Jahr zu führen. Hier stehen die Forstämter und die Naturparkverwaltung, gemeinsam mit den Verantwortlichen in den Landkreisen, den Kommunen und den privaten Naturschutzverbänden, vor einer schwierigen Aufgabe, die letztlich nur gelöst werden kann, wenn die Besucher selbst Verständnis für die Erfordernisse des Natur- und Landschaftsschutzes zeigen, sich entsprechend verhalten und sich als rücksichtsvolle Gäste erweisen.
Das Verlassen der ausgewiesenen und präparierten Skiwanderwege im Winter beunruhigt in besonders hohem Maße das Wild. Die Tiere werden so am Äsen gehindert und beginnen in den Dickungen, in die sie abgedrängt werden, an den jungen Bäumen die Rinde zu schälen. Das verursacht erhebliche Schäden an dem gesamten Waldökosystem.
Das Durchqueren von Forstkulturen und Buchenbeständen mit Naturverjüngung durch Skiläufer führt darüber hinaus oft genug zu Schäden an den Jungpflanzen durch Abbrechen der gefrorenen Triebe und Abschürfen der Baumrinde mit den scharfen Skikanten. Ein besonders großes Problem ist auch die ungeheure Müllmenge, die die Besucher zurücklassen. Für das Einsammeln und Beseitigen dieser Hinterlassenschaften in der Natur müssen die Gemeinden und die Naturparkverwaltung jährlich hohe Summen

aufwenden; der Naturpark zahlt allein zwischen 38.000,– und 40.000,– DM jährlich mit steigender Tendenz.
Noch gravierendere Gefahren drohen dem Vogelsberg und seinen Wäldern durch das zunehmende Waldsterben durch Luftschadstoffe. Inzwischen sind im Vogelsberg rd. 50 % der älteren Nadelwälder und 80 % der über 60-jährigen Buchenbestände geschädigt. Durch die Versauerung der Böden gelingt die natürliche Verjüngung der Buchen nur noch eingeschränkt und mit großem technischem Aufwand. Jährlich gelangen im Durchschnitt je ha rd. 52 kg Schwefel und 46 kg Stickoxyde in den Waldboden. Besonders der Schwefel reichert sich im Boden an und sorgt für zunehmende Versauerung. Die Schadstoffe verändern u. a. den Bodenchemismus, schädigen das Feinwurzelsystem der Bäume und machen sie anfällig gegen Forstschädlinge, Pilze und Stürme.
Eine andere Gefahr sind die großen Grundwasserentnahmen zur Wasserversorgung für den Ballungsraum Rhein/Main mit erheblichen Grundwasserabsenkungen im Vogelsberg und entsprechenden ökologischen und auch wirtschaftlichen Folgeschäden für die betroffene Region. Nur massiver Widerstand der Bevölkerung hat bisher noch Schlimmeres verhindern können.
Im Vogelsberg sind gegenwärtig alle nach dem Bundesnaturschutzgesetz anerkannten Naturschutzverbände präsent. Sie arbeiten in vielfältiger Form mit den Behörden zusammen und bemühen sich engagiert, auch ihre eigenen Vorhaben zu verwirklichen.
Es sind dies:
Bund für Umwelt und Naturschutz Deutschland (BUND), Hessische Gesellschaft für Ornithologie und Naturschutz, Landesjagdverband Hessen, Schutzgemeinschaft Deutscher Wald, Deutscher Bund für Vogelschutz, Deutsche Gebirgs- und Wandervereine (vertreten durch den VHC), Verband Hessischer Sportfischer. Daneben setzen sich die Bergwacht des Deutschen Roten Kreuzes und die Interessenverbände zum Schutze des Wasserhaushaltes im Vogelsberg in besonderer Weise für die Natur und die Landschaft des Vogelsberges ein.

Der Naturpark Hoher Vogelsberg

Schon bald nach der Verkündung des Naturparkprogramms für die BRD im Jahr 1956 wurde 1957 der zunächst als Naturschutzpark bezeichnete »Naturpark Hoher Vogelsberg« gegründet. Er ist der älteste Naturpark im Land Hessen und nach der Lünebur-

ger Heide der zweitälteste Naturpark in der Bundesrepublik Deutschland.
Wertvolle Vorarbeit für die Gründung hat der Beauftragte für Naturschutz und Landschaftspflege und gleichzeitig als Hauptnaturschutzwart für den VHC tätige Oberforstmeister Dr. Künanz erbracht. Dr. Künanz ist inzwischen verstorben. Seinen Namen trägt das »Künanz-Haus«, die wissenschaftliche Forschungsstation des Zoologischen Institutes der Universität Gießen auf dem Hoherodskopf.
Im Jahr 1957 einigten sich die damaligen Landkreise Alsfeld, Büdingen, Gießen und Lauterbach über die vom Regierungspräsidenten in Darmstadt entworfene Satzung, und sie gründeten 1958 einen Zweckverband, der die Trägerschaft des Naturparks übernahm. Träger sind heute der Vogelsbergkreis, der Wetteraukreis und der Landkreis Gießen. Der VHC arbeitet im Beirat des Zweckverbandes mit.
Der Naturpark Hoher Vogelsberg umfaßt eine Fläche von nahezu 400 qkm. Als vorrangige Aufgabe sieht es der Zweckverband an, in seinem Gebiet den Natur- und Landschaftsschutz zu fördern, Erholungsgebiete zu erschließen und zugänglich zu machen. Dazu gehört der Bau von Wanderwegen, Park-, Rast- und Kinderspielplätzen, sowie die Errichtung von Schutzhütten und Grillstellen. Gleichzeitig werden große Landschaftsteile als Ruhe- und Schutzzonen erhalten, um die Lebensräume für die Tierwelt und die Pflanzenwelt zu sichern.
Der Zweckverband sucht somit stets einen Interessenausgleich zwischen Naturschutz und Tourismus. Die Landschaftsschutzverordnung vom 1. 11. 1956 bildet die Grundlage hierzu, und der Landschaftsordnungsplan für den Naturpark bestimmt die Richtlinien für seine Entwicklung.

Das KÜNANZ-HAUS auf dem Hoherodskopf – eine wissenschaftliche Forschungsstation

Inmitten des Naturparkes Hoher Vogelsberg steht am Nordosthang des Hoherodskopfes ein Gebäude, dessen Bezeichnung zusammen mit seinem Aussehen die Aufmerksamkeit der Spaziergänger stets aufs neue auf sich zieht. Eine vom vorübergehenden Wanderpfad her lesbare Tafel gibt darüber Auskunft, daß es sich um eine Forschungsstation des Zoologischen Institutes der Universität Gießen handelt. Diese Forschungsstation, benannt nach dem um die Gründung des Naturparkes hochverdienten Ober-

forstmeisters Dr. Künanz, dient den Zoologen als Stützpunkt zu Forschungsarbeiten im Gesamtbereich des Vogelsberges. Durch die noch ausgedehnt vorhandenen naturnahen Landschaftsteile finden die Wissenschaftler hier ein hervorragendes Arbeitsfeld für faunistische und ökologische Untersuchungen zur Ausbildung von Studenten und zum Erarbeiten der Maßstäbe, die es zu beachten gilt, wenn man den immer drängenderen Problemen, wie sie in den Kulturlandschaften durch massive technisch-zivilisatorische Ansprüche entstehen, sinnvoll begegnen will.
Das Künanz-Haus ist ganzjährig besetzt und enthält alles, was zu längerem Aufenthalt mehrerer Personen und für die jeweils laufenden wissenschaftlichen Arbeiten notwendig ist. Inzwischen hat diese unter der Mitarbeit von Studenten eingerichtete und betriebene Station über die Fachwelt hinaus großes Interesse gefunden; gehört sie doch zu den wenigen bisher in der Bundesrepublik bestehenden Einrichtungen dieser Art. Das Gästebuch gibt Auskunft über die zahlreichen Besucher aus dem In- und Ausland.
Von diesem Haus aus wird die Fauna des Vogelsberges erforscht und engster Kontakt gehalten mit den Vorgängen in der lebendigen Natur. Neben den rein wissenschaftlichen Untersuchungen werden auch die Probleme des Naturschutzes in einem Gebiet beachtet, das als Naturpark zugleich Erholungslandschaft ist, und in welches sich an vielen Tagen zu jeder Jahreszeit vor allem im weiteren Bereiche des Hoherodskopfes wahre Besucherströme ergießen. Die Studenten lernen hier in unmittelbarer Erfahrung die Schwierigkeiten kennen, mit denen sich ein sinnvoller Landschaftsschutz auseinanderzusetzen hat.
In den nunmehr fünfundzwanzig Jahren seit Bestehen des Künanz-Hauses ist die Erforschung der Tierwelt des Vogelsberges und ihrer Existenzbedingungen zügig vorangetrieben worden. Über sechzig studentische Mitarbeiter haben sich mit ihren Examensarbeiten daran beteiligt. Eine Vielzahl von Tiergruppen war seither Gegenstand eingehender, unter verschiedenen Aspekten vorgenommener Untersuchungen, von den einzelligen Bewohnern der Torfmoose bis hin zu Studien an Wirbeltieren.
Für alle Mitarbeiter ist die tägliche Begegnung mit der Daseinsfülle tierischen Lebens bei der Arbeit im Gelände immer wieder ein erregendes Erlebnis. Persönliche Entdeckungen und steter Erfahrungszuwachs formen bleibende Eindrücke von den vielfältigen Verflechtungen, die jedes Tier in seinem Lebensraum verankern, von den oft außerordentlich verwickelten Wechselbeziehungen, welche Lebensgemeinschaften und ihre Lebensräume miteinander verbinden. Auf solchem Wege gewonnene Einsichten werden den später einmal Lehrenden eher in die Lage versetzen,

Zuhörern die lebendige Natur in ihrer Eigenart als besonderen Bereich der Wirklichkeit zu erschließen und diese befähigen, die natürliche Ordnung und die Position des Menschen in ihr zu erkennen.
Neben der eigenen, zum Respekt vor dem Phänomen des Lebendigen erziehenden Arbeit, der verläßlichen Erledigung der vielen Routineaufgaben in der Forschungsstation, der Betreuung im Freiland befindlicher Versuchsanlagen, beteiligen sich sämtliche Mitarbeiter an Informationsveranstaltungen im Hause für Naturpark – Besucher und an der Durchführung von Exkursionen. So kommt auch die Öffentlichkeitsarbeit nicht zu kurz, im Gegenteil, den vielen Bitten um Begutachtung, Beratung, Betreuung kann nur zum Teil entsprochen werden, um die eigene häufig zeitgebundene Arbeit nicht in Verzug geraten zu lassen.
Den Lebensrhythmus im Künanz-Haus bestimmt die Arbeit. Manche Forschungsvorhaben erfordern einen Aufenthalt im Gelände bis tief in die Nacht. So wird zum Beispiel mit besonders konstruierten Apparaturen das Verhalten nachtaktiver Tiere und deren Abhängigkeit von verschiedenen ökologischen Faktoren überwacht. Nach später Rückkehr sind oftmals noch Präparationen, Protokollanfertigungen und andere Auswertungsarbeiten unverzüglich und mit erheblichem Zeitaufwand vorzunehmen; der nächste Tag erwartet den Beobachter dann alsbald wieder in seinem Untersuchungsgebiet, wobei die Wetterlage keine Rolle spielen darf. Allein seine Teilnahme am Forschungsprogramm stellt also beträchtliche Anforderungen an jeden Mitarbeiter.
Die Ergebnisse der bisher geleisteten Forschungsarbeit sind bereits in mehr als einhundert wissenschaftlichen Publikationen mitgeteilt worden. Behörden, Freunde und Förderer nehmen aufmerksam Anteil an der Arbeit im Dienste der Wissenschaft und des Naturparkes. Ein äußeres Zeichen der Anerkennung ist der Moritz-Goldschmidt-Preis, der dem Künanz-Haus und seinen Mitarbeitern im Jahre 1975 verliehen wurde, und mit dem der Verein für Naturkunde in Osthessen besondere Verdienste auf dem Gebiet der heimatlichen Naturkunde würdigt. Der Verein der Freunde und Förderer des Künanz-Hauses, dem ehemalige Mitarbeiter des Hauses und weitere Naturfreunde angehören, erhielt im Jahr 1987 den erstmals verliehenen Umweltschutzpreis des Vogelsbergkreises.

Das Naturschutz-Informationszentrum Vogelsberg auf dem Hoherodskopf

Am Fuße des Funkturms entstand in den Jahren 1985/86 ein eingeschossiges Blockhaus, das innerhalb des Naturparks Hoher Vogelsberg eine besondere Funktion haben sollte. Als Naturschutz-Informationszentrum wurde es am 1. Oktober 1986 seiner Bestimmung übergeben. Die Bau- und Einrichtungskosten von 276.000,– DM übernahm zu einem wesentlichen Teil die Stifung Hessischer Naturschutz. Auch der Vogelsbergkreis leistete einen finanziellen Beitrag.

Das Forstamt Schotten und der Zweckverband Naturpark Hoher Vogelsberg betreuen das Haus. Aktuelle Themen und ökologische Zusammenhänge werden den Besuchern des Vogelsberges dargestellt. Das Zentrum bietet aber auch die Möglichkeit zur Diskussion zwischen engangierten Bürgern und Fachleuten zum Thema Natur- und Umweltschutz im heimischen Raum. Schließlich steht es Schulklassen für unterrichtliche Zwecke zur Verfügung.

Bereits vor dem Blockhaus ziehen mächtige Säulenbasalte und Basaltfindlinge die Aufmerksamkeit der Touristen auf sich. Eine Informationstafel gibt erste Auskunft über die vulkanische Tätigkeit innerhalb des Gebirges und über geologische Zusammenhänge. Ein Lesesteinwall grenzt das Gebäude vom Parkplatz ab, und auf einem Basaltplattenweg gelangen die Besucher in das Haus.

Innerhalb des Blockhauses lenkt zunächst ein Modell des Gebirges, als Relief ausgebildet, das Interesse der Besucher auf sich. Es zeigt, daß die einstigen vulkanischen Strukturen nicht mehr erkennbar sind. Intensive Verwitterungs- und Abtragungsvorgänge haben die Oberfläche verändert. Deutlich wird, daß das rinnende Wasser das gegenwärtige Relief des Vogelsberges mitgeprägt hat. Der radiäre Verlauf seiner Bäche und die damit verbundene gleichsinnige Ausrichtung der Täler, die dem Vogelsberg seine besondere Note verleihen, treten auffallend in das Blickfeld der Beschauer.

Nach diesem ersten Überblick erhalten die Besucher detaillierte Auskünfte über den Vulkanismus und die Geologie des Gebirges. Landschaftsbilder und schriftliche Erläuterungen führen in die naturnahen Lebensräume (z. B. Hochmoor, Teiche, Heckenlandschaft) und machen auf die heimische Tier- und Pflanzenwelt aufmerksam.

Ein Diorama und Präparate stellen die Buchenwaldgesellschaften heraus und zeigen die Vernetzung und den ökologischen Wert. Abbildungen über die Baumarten und Baumscheiben bieten Einblicke in die Waldwirtschaft. Der Erkrankung des Waldes wird

Raum gegeben, indem durch Bilder und graphische Darstellungen auf die Ursachen, den Krankheitsverlauf, die Wirkung und die Folgeschäden aufmerksam gemacht wird.
Der Besucher kann sich über die Naturschutzkonzeption des Landes Hessen informieren, und er erhält Anregungen, wie er durch eigene Initiative in seinem Umfeld zum Natur- und Umweltschutz aktiv beitragen kann.
Schließlich wird mit Hilfe von Karten, Landschafts-, Luftbildaufnahmen und Erläuterungstexten ein Überblick über den Vogelsberg als Erholungslandschaft gegeben.
Tonbild- und Videoschauen vertiefen die Einblicke und machen das Naturschutz-Informationszentrum zu einem eindrucksvollen Lehr- und Lernzentrum, das der Öffentlichkeit unter fachkundiger Anleitung kostenlos zur Verfügung steht.
Es ist werktags von 14.00 Uhr bis 17.00 Uhr und an Samstagen und Sonn- und Feiertagen von 10.00 Uhr bis 17.00 Uhr geöffnet. Ab 1. November bis zum Beginn der Wintersaison bleibt das Haus geschlossen.

Naturlehrpfade

Naturfreunde sollten in der freien Natur ihre Beobachtungen fortsetzen, indem sie die beiden Naturlehrpfade durchwandern. Die Lehrpfade sind in der Wanderkarte des Naturparks Hoher Vogelsberg verzeichnet.
Der eine beginnt in Ilbeshausen-Hochwaldhausen gegenüber dem Haus des Gastes und führt in das romantisch schöne Tal des Schwarzen Flusses (Schwarzbach) im Hohen Vogelsberg.
Der andere kann vom Parkplatz Sauberg oder auch vom Parkplatz Waldhof am Niddastausee bei Schotten aus angegangen werden. Er führt durch die Forstorte Sauberg und Läunsbach im Unteren Vogelsberg.

Der Vogelsberger Höhen-Club e. V. – seit 1881 Dienst an der Heimat

Der VHC feierte im Jahr 1981 seinen 100. Geburtstag. Er wurde am 22. Juni 1881 in Schotten gegründet und ist Mitglied im Verband Deutscher Gebirgs- und Wandervereine.
Zweck des Vereins sollte es sein, den Besuch des Vogelsberges zu erleichtern und angenehmer zu machen. Man wollte durch Wort

und Schrift für den Besuch des Vogelsberges werben, dieses Gebiet für den Fremdenverkehr erschließen und sich somit für die Verbesserung der Lebensverhältnisse der Bevölkerung einsetzen. Dieses Ziel suchten die Gründer durch Aufstellung von Wegweisern, die Verbesserung der Gebirgswege, die Herstellung von Aussichtspunkten und Ruheplätzen sowie durch Ausbildung von Fremdenführern und die Einwirkung auf die Verbesserung der Gasthäuser zu erreichen. Der Verein beabsichtigte, durch Vorträge, Exkursionen, durch Wort und Schrift die Kenntnis des Gebirges in naturwissenschaftlicher, historischer und topographischer Beziehung zu fördern und das Interesse für das Gebirge anzuregen und zu erhalten.
Dies war nötig, galt doch der Vogelsberg als eines der unbekanntesten und verkanntesten Mittelgebirge Deutschlands. Selbst im übrigen Hessenland, ja sogar in der näheren Umgegend waren über Land und Leute im Vogelsberg die irrigsten Meinungen verbreitet, und überall galt dieser als eine unwirtliche, in der Kultur noch weit rückständige Gegend.
Bis zum 14. Sept. 1881, dem Tag der 1. Hauptversammlung in Ulrichstein, hatten sich bereits 14 Sektionen (Zweigvereine) mit über 300 Mitgliedern gebildet, und die bereits erwähnten Aufgaben und Ziele wurden tatkräftig verfolgt.
1887 erbaute der VHC sein erstes Clubhaus auf dem Hoherodskopf, 1911 ein zweites Haus. Jedes Jahrzehnt wurden die Häuser vergrößert, erweitert und modernisiert, bis dann 1965 beide Häuser zu einem großen Haus umgestaltet wurden. In den Jahren 1977 und 1986 investierte der VHC erneut erhebliche Mittel zur Renovierung.
1910 wurde der 28 m hohe Bismarckturm als Aussichtsturm auf dem 773 m hohen Taufstein errichtet. 1926 weihte der Verein auf der Herchenhainer Höhe seine Totengedenkstätte ein.
Der Förderung des Jugendwanderns diente die ebenfalls 1926 errichtete Jugendherberge (»Vater Bender-Heim«) auf der Herchenhainer Höhe. Dieses Haus fiel leider 1943 einem Bombenangriff zum Opfer. 1928 erwarb der VHC auf dem Hoherodskopf von seinem Förderer, dem Gießener Zahnarzt Dr. Jaeger, ein Landhaus. Dieses Haus führt die Tradition des ehem. Vater Bender-Heimes fort, und es dient heute der Deutschen Wanderjugend im VHC als Jugendwanderheim und Bildungsstätte. Auch die älteren Mitglieder nutzen das Haus als Familienerholungs- und Freizeitstätte.
Verschiedene Zweigvereine des VHC errichteten selbst Aussichtstürme, Heime und Hütten. So betreut der Zweigverein Lauterbach den Hainigturm, und die Zwv. Alsfeld, Friedberg/Bad Nau-

Sternwandertreffen des VHC vor dem Berggasthaus Hoherodskopf, dem Clubhaus des VHC

heim, Gießen, Lumdatal und Schlitz unterhalten eigene Wanderheime.
1921 vermachte der ehem. Bürgermeister von Feldkrücken dem VHC die Schleuningsteine, eine Felskuppe bei Ulrichstein.
Seit 1911 ist der VHC Herausgeber und Bearbeiter von Wanderkarten. Die Karten enthalten u.a. die Wanderwege, die seit 100 Jahren im Gebiet zwischen Frankfurt, Gießen, Fulda markiert werden. Heute umfaßt das Wanderwegenetz des VHC rund 3000 km.
Seit seinem Bestehen bemüht sich der VHC, den Vogelsberg in Wort und Schrift bekannt zu machen und für dieses Fremdenverkehrsgebiet zu werben. So erschienen mehrere Werbeschriften und Wanderführer, und die vorliegende Schrift bestätigt, daß der VHC seine einst sich selbst gestellten Aufgaben auch heute noch tatkräftig verfolgt.
In den zwanziger und dreißiger Jahren unterhielt der VHC auf dem Hoherodskopf eine Bergwachtstation. Sie diente vorwiegend der Erhaltung der Pflanzenwelt und somit dem Naturschutz.

Heute dient die Rettungsstation der Ersten Hilfe für Wanderer und Skiläufer, sie wird von der selbständigen Bergwachtorganisation im DRK unterhalten.
In dem Bewußtsein, daß die Natur als Lebensraum und Lebensgrundlage erhalten bleiben muß, setzt sich der VHC seit seinem Bestehen für den Natur- und Landschaftsschutz ein. Im Jahre 1906 wurde zum ersten Male in Preußen eine staatliche Stelle für Naturdenkmalspflege ins Leben gerufen. Um diese Zeit stellte der Ehrenpräsident des VHC, Oberforstrat Diefenbach, in Darmstadt den Taufstein unter Naturschutz. Dadurch wurde diese wertvolle naturnahe Waldgesellschaft erhalten, wie sie in Jahrhunderten herangewachsen war.
Nach dem 1. Weltkrieg bemühte sich der VHC weiter um die Erhaltung der Vogelsberg-Landschaft. Der Gedanke eines Naturschutzparkes tauchte auf. 1928 stellte der VHC an den hessischen Landtag, an alle Abgeordneten und an alle Minister den Antrag, das Vogelsberg-Gebiet über 700 m unter Naturschutz zu stellen. Am 18. Mai 1951 erließ der Regierungspräsident in Darmstadt eine vorläufige Verordnung zum Schutze der Landschaft des Hohen Vogelsberges im Raume Schotten – Gedern – Grebenhain – Engelrod. In den folgenden Jahren bemühte sich das VHC-Mitglied Oberforstmeister Dr. Künanz, der Naturschutzbeauftragte des VHC und des Kreises Büdingen, um eine endgültige Landschaftsschutzverordnung, die am 1. 11. 1956 vom Regierungspräsidenten in Darmstadt erlassen wurde. Damit wurde der Hohe Vogelsberg als Landschaftsschutzgebiet ausgewiesen.
Für die in langjährigem Wirken erworbenen besonderen Verdienste um die Pflege und Förderung des Wanderns, des Heimatgedankens und des Umweltbewußtseins erhielt der VHC im Jahr 1984 aus der Hand des Bundespräsidenten die Eichendorff-Plakette.
Der Vogelsberger Höhen-Club e. V. ist im Verlauf von 100 Jahren mit seinen Aufgaben gewachsen. Ihm gehören heute rd. 4500 Mitglieder in 37 Zweigvereinen an. Die Satzung des VHC wurde überarbeitet, und die Aufgaben und Ziele wurden neu formuliert. Wenn auch dem Wandern und der Ausarbeitung von Wandervorschlägen heute stärkere Beachtung geschenkt wird, so hat der Verein seine einst gestellten Aufgaben nicht aufgegeben. Staatliche Institutionen unterstützen unter Einsatz erheblicher finanzieller Mittel die einst vom VHC allein verfolgten Ziele. Der VHC arbeitet durch seine Vertreter in diesen Gremien mit, und er ist stolz darauf, im Vogelsberg Pionierarbeit geleistet zu haben.

Teil II

Wanderungen mit dem Vogelsberger Höhen-Club e.V.

Wandern und Wanderwege durch die Wetterau und den Vogelsberg

Das Wandergebiet Wetterau und Vogelsberg wurde bereits vor 100 Jahren vom Vogelsberger Höhen-Club (VHC) für den Tourismus erschlossen. Es waren vorwiegend wirtschaftliche Gründe, die den Verein veranlaßten, in Wort und Schrift für den Besuch des Vogelsberges zu werben. Die Menschen in dieser strukturschwachen Region, in den Dörfern des Vogelsberges, waren arm. Der VHC, der sich ihnen verbunden und verpflichtet fühlte, hoffte auf eine Verbesserung der Lebensverhältnisse durch die Entwicklung des Fremdenverkehrs.
Mit dieser Zielsetzung wurden Wanderwege gekennzeichnet, Wegweiser aufgestellt, Aussichtspunkte und Ruheplätze geschaffen und Wanderführer ausgebildet. Auf dem Hoherodskopf entstand im Jahr 1887 das Clubhaus des VHC als Berggasthof.
Die Werbung für den Fremdenverkehr richtete sich vor allem an die Menschen in den Städten an der Peripherie der ehemaligen Provinz Oberhessen. Der VHC bot sich an, sie hinauszuführen in die Natur zur sinnvollen Erholung durch das Wandern. Der gesundheitliche Aspekt spielte somit eine weitere große Rolle in den Bemühungen des Vereins.
Die Wanderwege wurden als durchgehende Wanderstrecken von allen oberhessischen Städten in den Vogelsberg angelegt und markiert. Verbindungsstrecken helfen mit, daß heute ein umfangreiches Wanderwegenetz mit einer Gesamtlänge von rd. 3000 km besteht. Das Netz verdichtet sich im Vogelsberg, so daß für Wanderer ein ausreichendes Angebot zur Verfügung steht.
Dadurch, daß in der Gegenwart die Menschen nicht mehr auf öffentliche Verkehrsmittel angewiesen und mobiler geworden sind, werden heute Rundwanderstrecken für ein- und mehrtägige Wanderungen bevorzugt. Aus Gründen des Natur- und Landschaftsschutzes ist jedoch eine Ausweisung weiterer Wanderwege als Rundwanderwege nicht mehr zu verantworten. Dies ist auch nicht erforderlich, denn das umfangreiche Wanderwegenetz bietet die Möglichkeit, selbständig Rundwanderungen durchzuführen, indem man von einer markierten Wanderstrecke auf eine andere überwechselt und schließlich wieder nach einem oder mehr Tagen am Ausgangsort der Wanderung ankommt. Der Wanderer ist somit selbst in der Lage, nach eigenen Vorstellungen die Länge der Rundwanderung auf einem reizvollen Weg festzulegen. Voraussetzung hierfür sind brauchbare Wanderkarten, die u.a. das Hessische Landesvermessungsamt anbietet. Die in dem vorliegenden

Wanderführer beschriebenen Rundwanderungen können somit beliebig erweitert und ergänzt werden.
Die ehrenamtlich tätigen Wegewarte des VHC bemühen sich stets darum, die Markierung der Wanderwege in Ordnung zu halten, und sie wenden hierfür viel freie Zeit auf. Nach Wind-, Schnee- oder Eisbruch kann es vorkommen, daß Bäume umgestürzt und Wegezeichen verschwunden sind. Wegezeichen werden gar oft auch mutwillig zerstört. In diesen Fällen ist der VHC dankbar, wenn Wanderer mit genauen Angaben auf fehlende Wegezeichen hinweisen.
Einige Fremdenverkehrsorte markieren örtliche Wanderwege häufig ohne Absprache mit dem VHC, der früher ein Alleinmarkierungsrecht besaß. Die Unterhaltung dieser örtlichen Wanderwege liegt daher allein im Verantwortungsbereich der betreffenden Städte und Gemeinden.
Für die Begehbarkeit der Wanderwege des VHC, die stets in Verbindung mit den Forstämtern angelegt worden sind, kann der VHC nicht garantieren. Die Unterhaltung der Forstwege ist Aufgabe der Forstverwaltungen.
Die Erfahrung hat gezeigt, daß sich die Beeinträchtigungen für Wanderer in Grenzen halten. Darum bemühen sich alle am Fremdenverkehr interessierten Behörden und Verbände. Nutzen wir freie Tage und Stunden zum Wandern. Die folgenden Wandervorschläge mit Hinweisen auf Sehenswürdigkeiten sollen dabei helfen, die verborgenen Schönheiten unserer Landschaft zu finden.

(1) Von **Gießen** über den **Hoherodskopf** nach **Wächtersbach** (rd. 94 km)

Markierung: gelbes Band ▬

Wanderkarten:	1. Blatt L 5518 Gießen	1:50000
	2. Hoher Vogelsberg–Naturparkausgabe	1:50000
	3. Blatt L 5720 Gelnhausen	1:50000

Wanderstrecke: **Gießen** – 6 km – Annerod – 6 – Albach – 12 – Münster – 7 – Laubach – 10 – Oberseener Hof – 7 – Rudingshain – 5 – Hoherodskopf – 1 – Taufstein – 6 – Herchenhainer Höhe – 3 – Hartmannshain – 4 – Volkartshain – 6 – Kirchbracht – 7 – Birstein – 5 – Eisenhammer – 2 – Schlierbach – 7 – **Wächtersbach = 94 km**

In **Gießen** beginnt die Wanderung an der Stadtbus-Haltestelle Eichendorffring. Wir verlassen die Stadt in östlicher Richtung. Unser Wanderweg führt durch Feld- und Waldflur, vorbei an den Dörfchen Annerod, Albach, Ober-Bessingen, Münster nach **Laubach**. 31 km mißt die Wanderstrecke.

Am nächsten Tag verlassen wir **Laubach** in östlicher Richtung. Wir wandern am Waldhaus vorbei durch den Laubacher Forst in das Seenbachtal, dem der Wanderweg bis zum Oberseener Hof folgt. Zunächst noch in östlicher, später in südöstlicher Richtung erreichen wir Rudingshain und dann aufsteigend den **Hoherodskopf** (764 m). Weitere Wandermöglichkeiten an unserem Ziel, für das wir diesmal nur 12 km benötigt haben, beschreibt die Wanderung (22). An diesem Wandertag haben wir 22 km zurückzulegen.

Die 3. Tagesstrecke führt vom **Hoherodskopf** nach **Birstein**. Sie ist rd. 27 km lang. Zunächst erreichen wir den Taufstein (773 m) und genießen den Blick vom Bismarckturm zum Taunus, zum Spessart und zur Rhön. Der Wanderweg führt uns weiter zur Herchenhainer Höhe (733 m) und über Hartmannshain, Volkartshain, Kirchbracht nach **Birstein**.

Wächtersbach, das Ziel unserer Wanderung liegt nur noch 14 km vor uns. Der Weg führt von Birstein aus südlich, zunächst der Bundesstraße entlang, bis wir im Brachttal den Eisenhammer erreichen. Nun wandern wir rd. 7 km durch den Büdinger Wald bis zum Ziel.

Hinweise, Sehenswürdigkeiten

Gießen: Hauptstadt der ehemaligen Provinz Oberhessen, heute politisches Oberzentrum Mittelhessens und Sitz eines Regierungspräsidenten. 76500 Einw., eine Fläche von 73 qkm mit den Stadtteilen Allendorf, Klein-Linden, Lützellinden, Rödgen, Wieseck. 1197 erste urkundliche Erwähnung, 1248 Stadtrechte, 1607 Gründung der Universität.

Weiteres siehe Literaturverzeichnis.

Laubach: siehe Wanderung (4).

Hoherodskopf (764 m) siehe Wanderung (3).

Taufstein (773 m) siehe Wanderung (22).

Herchenhainer Höhe (733 m): Im Naturpark gelegen mit der Totengedenkstätte des VHC. Südwestlich am Hang liegt Herchenhain, ein Ortsteil der Gemeinde Grebenhain.

Birstein (300 m): 15 Ortsteile, rd. 6200 Einw. liegt im südlichen Vogelsberg in einem Seitental der Kinzig. Mittelpunkt des Ortes ist das Schloß des Fürsten von Isenburg-Birstein. Die ehemalige Schutzburg, vermutlich im 9. Jahrh. errichtet, wurde später Residenz der Grafen von Isenburg und zugleich Amtsmittelpunkt. Sie wurde 1764 ganz niedergelegt und an ihrer Stelle das jetzige Schloß Birstein erbaut.

Wächtersbach: 7 Stadtteile, rd. 10500 Einw. ist staatl. anerkannter Erholungsort. Die Stadt liegt im Kinzigtal zwischen Vogelsberg und Spessart, und sie besitzt gute Verkehrsverbindungen. Die Geschichte Wächtersbachs – 1236 erstmals urkundl. erwähnt, seit 1404 Stadtrechte – ist eng mit der Geschichte des »Büdinger Waldes« verknüpft. Dieser Reichsforst gehörte im frühen Mittelalter zur Kaiserpfalz Gelnhausen und war ein beliebtes Jagdgebiet der deutschen Kaiser. Zum Schutz des ausgedehnten Waldgebietes und zur Unterbringung von Pferden, Hunden, Waffen und Geräten für die kaiserliche Jagd wurde hier ein Jagdschloß gebaut. Auf seinen Mauern entstand das Wächtersbacher Schloß. Es ist seit Generationen im Besitz der Fürsten zu Ysenburg-Büdingen.

(2) Von **Butzbach** nach **Fulda** (rd. 91 km)

auf dem Europäischen Fernwanderweg Nr. 3 (Altantik – Ardennen – Böhmerwald)

Markierung: blaues Andreaskreuz ✖

Wanderkarten: 1. Blatt L 5518 Gießen 1:50000
2. Hoher Vogelsberg – Naturparkausgabe 1:50000
3. Blatt L 5522 Herbstein 1:50000

Wanderstrecke: **Butzbach** – 8 km – Münzenberg – 6 – Bellersheim – 6 – Hungen – 19 – Schotten – 8 – Bilstein – 3 – Hoherodskopf – 8 – Lanzenhain – 5 – Herbstein – 11 – Blankenau – 17 – **Fulda** **= 91 km**

Wir beginnen unsere Wanderung auf dem Marktplatz in **Butzbach** und wandern in östlicher Richtung durch die Wetterau. Wir erreichen Griedel, Münzenberg mit der Stauferburg, Bellersheim und schließlich **Hungen**.

Bis hier sind es rd. 20 km, und diese Strecke könnte die 1. Etappe unseres Fernwanderweges darstellen.

In **Hungen** führt unser Wanderweg durch die Obertorstraße, Niddaer Straße bis wir am östlichen Ausgang der Stadt die alte Schottener Straße erreichen. Unser Wanderweg führt nun auf ihr rd. 18 km durch Staatsforst bis nach **Schotten**. Unterwegs bietet sich uns ein Blick auf das auf einer Bergkuppe liegende Dörfchen Stornfels.

Vor Schotten haben wir von der Warte aus einen weiten Blick über die Stadt im Niddatal bis zum Hoherodskopf, dem möglichen Ziel des nächsten Tages.

Schotten (280 m) verlassen wir an der Grundschule in der Vogelsbergstraße, überschreiten die Nidda und wandern über den Bockzahl in das Michelbachtal. Am Schützenhaus vorbei erreichen wir den Stadtwald, durchwandern diesen und kommen schließlich nach Busenborn. Der Bilstein (666 m), den wir erreichen wollen, liegt vor uns. Nach dem z. T. etwas anstrengenden Aufstieg genießen wir den Blick zurück über eine für den Vogelsberg typische Heckenlandschaft in das Tal des Eichelbaches. Weiter ansteigend führt der Wanderweg am Segelflugplatz vorbei zum **Hoherodskopf** (764 m) mit dem Berggasthaus, dem Clubhaus des VHC, wo wir Unterkunft finden können.

Nach einer Halbetappe von rd. 11 km lohnt sich noch eine Wanderung auf dem mit einem grünen H gekennzeichneten **Höhenrundweg** (8 km), der die Naturschutzgebiete des Oberwaldes erreicht und als Wanderung (22) beschrieben ist. Das **Naturschutz-Informationszentrum Vogelsberg** auf dem Hoherodskopf (siehe Teil I) vermittelt dem Naturfreund umfangreiche Kenntnisse über die Landschaft und die Bedrohung der Natur durch Umwelteinflüsse.

Auf dem **Hoherodskopf** beginnen wir die nächste Etappe vom großen Parkplatz aus der Markierung folgend in südlicher Richtung. Unterhalb der Talstation des Skiliftes biegt der Weg in östlicher Richtung ab. Wir können von hier die Herchenhainer Höhe sehen, wandern durch den Oberwald am Flösserhaus (Steinhaus der Forstverwaltung) vorbei, überqueren später die Oberwaldstraße und erreichen das Dorf Lanzenhain. Etwa 1 km vor Lanzenhain steht beim Austritt aus dem Wald der »Peststein«. An dieser Stelle starb der Herbsteiner Bürger Stoffel Grosch im Pestjahr 1613 an der Seuche. In östlicher Richtung verlassen wir den Ort und gelangen nach 5 km in das Städtchen Herbstein, das auf einem hohen Basaltkegel liegt.

Vom Marktplatz aus wandern wir zunächst in südöstlicher Richtung, überqueren den Ellersbach, wenden uns in östlicher Richtung, durchwandern ein ausgedehntes Forstgebiet und erreichen **Blankenau**, das das Ziel dieser Wegstrecke sein könnte.

Von **Blankenau** bis **Fulda** haben wir noch 17 km zurückzulegen. Wir durchwandern das Dorf, und der Weg führt nördlich an der Hainburg vorbei nach Hainzell. Von dort erreichen wir in südöstlicher Richtung die Hessenmühle, ein gut geführtes Gasthaus mit Hotel, und die Kapelle Kleinheiligkreuz. Durch den ausgedehnten Staatsforst führt der Wanderweg nach Oberrode. Bereits beim Austritt aus dem Wald sehen wir die Barockstadt Fulda. Wir wandern durch Haimbach und Neuenberg mit Kloster bis zur Fuldabrücke. Hier haben wir unser Ziel erreicht.

Hinweise, Sehenswürdigkeiten

Butzbach: 13 Stadteile, rd. 22000 Einw. ist die nördlichste Kreisgemeinde des Wetteraukreises. Die Stadt liegt am Rande des Taunus, und östl. von ihr öffnet sich die Wetterau. Im Jahr 773 erstmals urkundl. erwähnt, mittelalterliches Stadtbild, industrieller Schwerpunkt, Schulzentrum.

Die **Wetterau** wird im Süden von der Untermainebene, im Westen vom Taunus, im Norden vom Gießener Landrücken und im Osten von den Ausläufern des Vogelsberges begrenzt. Fruchtbare Böden, gute Wegsamkeit und ein mildes Klima bestimmten ihre Besiedlung (Limes, Römerkastelle). Heute vorwiegend landwirtschaftlich strukturiert.

Griedel: Stadtteil von Butzbach.

Münzenberg: 3 Stadtteile, rd. 5000 Einw. liegt in der fruchtbaren Ebene der Wetterau. Zusammen mit der Burg (heute Ruine) zwischen 1160 und 1180 entstanden.

Bellersheim: Stadtteil von Hungen.

Hungen: 11 Stadtteile, rd. 12000 Einw. liegt am Fuße des Vogelsberges und am Nordrand der Wetterau im Landkreis Gießen. Im Jahr 782 erstmals urkundl. erwähnt, seit 1361 im Besitz der Stadtrechte.

Stornfels: Stadtteil von Nidda im Wetteraukreis, 271 Einw., auf einem 300 m hohen Bergkegel gelegen, etwa zwischen 800 und 1300 gegründet.

Schotten (280 m): 14 Stadteile, rd. 10000 Einw., liegt im Naturpark Hoher Vogelsberg und gehört zum Vogelsbergkreis. Im Jahr 778 kamen iroschottische Mönche missionierend in das Tal der Nidda und gründeten den Ort, der dann 1293 erstmals erwähnt wird. Die Sanierung des historischen Stadtkerns ist aktuelles Problem. Im Luftkurort sind die Liebfrauenkirche mit dem berühmten Tafelaltar aus dem Jahr 1385, das Fachwerkrathaus von ca. 1520, die Alteburg von 1500 mit dem umgebenden Park und das Heimatmuseum der Besichtigung wert. Der etwa 2 km entfernt liegende Nidda-Stausee mit seinen Anlagen am Ufer ist ein beliebtes Erholungs- und Freizeitzentrum.

Busenborn: Stadtteil von Schotten am Fuße des Bilstein.

Bilstein (666 m): Eine Basaltgruppe mit einer weiten Aussicht über das Eichelbachtal mit seinen Dörfchen und über die Wetterau zum Taunus und zum Gießener Becken. Eindrucksvoll zeigt sich von hier die für den Vogelsberg typische Heckenlandschaft.

Hoherodskopf (764 m) siehe Wanderung (3) und Teil I.

Herchenhainer Höhe (733 m) siehe Wanderung (1).

Lanzenhain (500 m): Stadtteil von Herbstein; evangel. Kirche als Fachwerkbau 1631 errichtet.

Herbstein (450 m): 8 Stadtteile, rd. 4800 Einw., auf einer Basaltkuppe ringförmig angelegt. 1258 als Burg des Abtes Heinrich von Fulda erwähnt und 1325 als Stadt bezeugt. Mittelalterliche Befestigungsanlage mit Stadtmauer und Wehrtürmen ist weitgehend

Burgruine Münzenberg (12. Jh.) »Wetterauer Tintenfaß«

erhalten, unterirdische Gewölbe wurden freigelegt. Sehenswürdigkeiten: Kath. Pfarrkirche St. Jakobus 1400, Nebenchöre und Umbauten 1682, spätgotische Wandmalereien, Mondsichelmadonna 1510, Anbetung der Könige 1400, Fachwerkrathaus. Heute ist die Stadt staatl. anerkannter Luftkurort, sie besitzt einen Heilquellen-Kurbetrieb mit einem Thermal-Bewegungsbad.

Blankenau (284 m): Ortsteil der Gemeinde Hosenfeld.

Sehenswürdigkeiten: Einstiger Klosterhof eines Zisterzienserinnen-Ordens, Propsteigebäude, gotische Kirche mit achteckigem Turm.

Kleinheiligkreuz: Wallfahrtskirche aus der Barockzeit.

Neuenberg: Stadtteil von Fulda mit der Benediktinerpropstei St. Andreas, Kirche mit romanischem Westturm von 1018.

Fulda: Barock- und Bischofsstadt, rd. 60 000 Einw., ist Mittelpunkt der osthessischen Region. Es liegt im Fuldaer Becken zwischen der Rhön und dem Vogelsberg.

Sehenswürdigkeiten: Stadtschloß, Dom (Grabeskirche des hl. Bonifatius), Dommuseum, Michaeliskirche, Orangerie, Altes Rathaus, Kloster Frauenberg, Propsteikirche St. Andreas, Schloß Fasanerie (Adolphseck), Vonderau-Museum, Deutsches Feuerwehrmuseum, Landesbibliothek.

(3) Von **Nidda** über den **Hoherodskopf** nach **Ulrichstein** (rd. 35 km)

Markierung: rotes Band **–**

Wanderkarte: Hoher Vogelsberg–Naturparkausgabe 1:50000

Wanderstrecke: **Nidda** – 5 km – Michelnau – 9 – Zwiefalten – 8 – Bilstein – 3 – Hoherodskopf – 1 – Taufstein – 2 – Landgrafenborn – 7 – **Ulrichstein = 35 km**

In **Nidda** treffen wir am Neuwirtshaus, am östlichen Rand des Sportstättengeländes, auf die Markierung. Wir wandern zunächst im Niddatal, steigen dann durch die Gemarkung Eisenried zur St. Florianshütte hinauf und genießen von dort den Blick zurück über die Stadt im Niddatal. Nun nimmt uns der Wald auf. Nach etwa 1 km verlassen wir die begleitende Markierung grünes Dreieck und folgen in südlicher Richtung unserer Markierung rotes Band bis nach Michelnau. Von hier führt der Wanderweg zum größten Teil durch Wald, ansteigend von 200 m auf 600 m, am Naturschutzgebiet Haißbacher Grund und später am Hofgut Zwiefalten vorbei, bis unterhalb des Bilstein. Vorbei am Segelflugplatz erreichen wir den **Hoherodskopf**, dessen Sendetürme wir schon von weitem sehen können.

Nach einer Wegstrecke von rd. 25 km finden wir im Berggasthof Hoherodskopf, dem Clubhaus des VHC, Unterkunft.

10 km beträgt die Strecke des zweiten Wandertages. Es bleibt daher genügend Zeit, die Sehenswürdigkeiten am Wege in Ruhe zu betrachten. Das Naturschutz-Informationszentrum auf dem Hoherodskopf gibt mit seiner Ausstellung interessante Hinweise. Wir beginnen die Wanderung am Fuße des großen Sendeturmes der Bundespost und wandern auf einem Teilstück des Höhenrundweges (Markierung: grünes H) bis zum Landgrafenborn. Unterwegs kommen wir am Künanz-Haus und am Bismarckturm auf dem Taufstein vorbei. Eine Besteigung des Aussichtsturmes lohnt sich. Der Weg führt weiter, vorbei am Hochmoor und am Geiselstein, bis zum Landgrafenborn. Hier verlassen wir den Höhenrundweg und folgen unserer Markierung rotes Band. Der Weg führt über die Höhe Sieben Ahorn (753 m) durch den Oberwald bis zum Ulrichsteiner Kreuz. Nun liegt **Ulrichstein**, die Stadt am Hang des Schloßberges und das Ziel unserer Wanderung vor uns.

Hinweise, Sehenswürdigkeiten

Nidda: 17 Stadtteile, rd. 17000 Einw. gehört zum Wetteraukreis. Während der Amtszeit des Abtes Hadamar vom Kloster Fulda (929–951) wurde die Siedlung als »Nithahari marcu« nachweislich erstmals erwähnt.

Weitere Daten: 1234 erstmals als Stadt erwähnt. 1311 Stadtrechte.

Baudenkmäler: Ehemalige Wasserburg/Schloß (um 1600), Marktplatz mit Marktbrunnen (1650), Bürgerhäuser (16. u. 17. Jahrh.), Niddabrücke mit 3 Steinbögen (1607), Johanniterturm (1491), Stadtkirche als Saalkirche (1616–1618), altes Rathaus (1811).

Zwiefalten: Hofgut, Reiterhof, früher Jagdschloß.

Bilstein (666 m): siehe Wanderung ②.

Hoherodskopf (764 m): Zweithöchste Erhebung und Zentrum des Fremdenverkehrs im Naturpark Hoher Vogelsberg, am Rande des Oberwaldplateaus gelegen mit einem weiten Blick nach Westen über die Wetterau zum Gießener Becken, zum Taunus und zum Spessart. Weiteres siehe Teil I.

Naturschutz-Informationszentrum: siehe Teil I.

Künanz-Haus: siehe Teil I.

Taufstein, Hochmoor, Geiselstein, Landgrafenborn siehe ㉒.

Sieben Ahorn (753 m): Dritthöchste Erhebung im Vogelsberg.

Ulrichstein (600 m): 8 Stadtteile, rd. 3300 Einw., staatl. anerkannter Erholungsort im Vogelsbergkreis. Das Bergstädtchen wurde 1279 erstmals erwähnt, und es erhielt 1423 die Stadt- und Marktrechte. Die Burgruine auf dem Schloßberg (614 m) blickt auf eine wechselhafte Geschichte zurück. Zeitweilig war die Burg Sitz des »Raubritters« Christoph Ernst von Dietz. Im 30- und 7jährigen Krieg wurden Stadt und Schloß (Burg) schwer heimgesucht. Eine Tafel am Burgeingang gibt Hinweise auf die Geschichte. Im Bereich der Ruine erinnert eine Kriegsgräberstätte an die Ereignisse des 2. Weltkrieges. Vom Schloßberg aus bietet sich dem Besucher ein weiter Rundblick über das Städtchen, in dessen Gemarkung die Ohm entspringt.

④ Von **Laubach** über **Schotten** nach **Hartmannshain** (rd. 30 km)

Markierung: gelber Ring **O**

Wanderkarte: Hoher Vogelsberg–Naturparkausgabe 1:50000

Wanderstrecke: **Laubach** – 5 km – Gonterskirchen – 6 – Falltorhaus – 3 – Schotten – 4 – Weidmühlen – 4 – Sauborn – 2 – Rehberg – 4 – Herchenhain – 2 – **Hartmannshain = 30 km**

Der hier beschriebene Wanderweg durch den Naturpark Hoher Vogelsberg verbindet Hauptwanderstrecken im westlichen Vogelsberg. Wanderern, die selbst ihre Wanderrouten festlegen wollen, bietet sich somit die Möglichkeit, von einer markierten Wegstrecke auf die andere überzuwechseln.

Vor Beginn der Wanderung lohnt es sich, das schmucke Städtchen Laubach zu besichtigen, das trotz moderner Entwicklung seine Natürlichkeit bewahrt hat und seinen Gästen umfangreiche Freizeiteinrichtungen anbietet.

Wir beginnen daher in **Laubach** unsere Wanderung im Schloßpark, wandern am Schwanenteich vorbei zum Schloß, zum Marktplatz bis zum Café Goebel. Vorbei an einem kleinen Springbrunnen erreichen wir einen schmalen Pfad und gehen hinunter zur »Steinbach«. Hier treffen wir auf die Markierung gelber Ring, der wir nun folgen. Über die Wetterbrücke führt der Weg waldeinwärts bergauf zum Steinbacher Kopf. Abwärts gelangen wir von hier nach Gonterskirchen. An Wochenendhäusern vorbei kommen wir ins Horlofftal, wandern zum Strickberg hinauf, erreichen die B 276, die Kiliansherberge, das Falltorhaus, später das Kreiskrankenhaus und schließlich die Stadt **Schotten** im Niddatal.

Am 2. Wandertag verlassen wir **Schotten** an der Grundschule. Unsere Markierung gelber Ring verläuft bis zur Kreisstraße vor Busenborn parallel mit der Markierung blaues Andreaskreuz, und es wird bis hier auf die Wanderung ② verwiesen. Die Kreisstraße überqueren wir etwa 1 km vor Busenborn, wandern durch die Ansiedlung Weidmühlen, erreichen im Hochwald den Metzlersborn, den Waltersborn, den Sauborn und kommen dann nach Herchenhain und nach weiteren 2 km zu unserem Tagesziel **Hartmannshain**. Unterwegs sehen wir den Sendeturm auf der Höhe des Hoherodskopfes und über Herchenhain die Herchenhainer Höhe.

Hinweise, Sehenswürdigkeiten

Laubach (205 m): 8 Stadtteile, rd. 11000 Einw., staatlich anerkannter Luftkurort, liegt inmitten ausgedehnter Waldungen im östlichen Teil des Landkreises Gießen und im Naturpark Hoher Vogelsberg.

Geschichtliche Daten: 786 erstmals in Urkunden der Reichsabtei Hersfeld erwähnt, 1405 erstmals als Stadt erwähnt, 1508 Marktrechte, 1418 im Besitz der Grafen von Solms, heute Sitz der Grafen von Solms-Laubach.

Baudenkmäler: Schloß 1400 begonnen, Bergfried aus dem 13. Jahrh., Stadtkirche aus dem 13. Jahrh. (1057 älteste Teile erstmals erwähnt), Fachwerkhäuser, Engelsbrunnen am Marktplatz, Grünemannsbrunnen aus dem 16. Jahrh.

Kiliansherberge/Falltorhaus: An der alten »Hohen Straße«, die von der Wetterau heraufkam und über Feldkrücken durch den Vogelsberg führte, unterhielt in den 60er Jahren des 17. Jahrh. ein Kilian Eckhard die »Herberge zum grünen Wald«.

Im Jahr 1728 ließ der Landgraf Ernst Ludwig entlang der Grenze gegen die Grafschaft Solms einen Wildzaun errichten. Das Falltor an der Straße bediente der »Falltorknecht«, dem die frühere Herberge als Wohnung diente.

Schotten: siehe Wanderung (2).

Weidmühlen: Ehemalige Mahl- und Schlagmühlen im Eicheltal, heute Siedlung innerhalb der Gemarkung Schotten/Eschenrod.

Herchenhain (640 m): Ortsteil der Gemeinde Grebenhain im Vogelsbergkreis am Südwesthang der Herchenhainer Höhe (733 m) gelegen. Fremdenverkehrsort (Wandern, Skilauf) mit einer ausgedehnten Wochenendhauskolonie. Das im Anschluß an das bäuerliche Dorf gelegene Wochenendgebiet nimmt heute bereits die Hälfte der bebauten Ortsfläche ein. Zahlreiche Häuser sind inzwischen zu Dauerwohnsitzen ausgebaut worden. Von den Hängen der Herchenhainer Höhe fließen die Lüder, Salz, Bracht (Hundsbach) und die Nidder zu Tal.

Hartmannshain (585 m): Ortsteil der Gemeinde Grebenhain, einstmals Filialdorf von Herchenhain, an der B 275 gelegen, ehemalige Bahnstation der eingegangenen Bahnlinie Stockheim–Lauterbach, kleinbäuerliche Betriebe, Fremdenverkehr, Knotenpunkt mehrerer markierter Wanderwege des VHC.

(5) Von **Gedern** über **Schotten** nach **Ulrichstein** (rd. 26 km)

Markierung: grünes Band **–**

Wanderkarte: Hoher Vogelsberg–Naturparkausgabe 1:50000

Wanderstrecke: **Gedern** – 2 km – Gederner See – 7 – Eschenrod – 4 – Schotten – 2 – Betzenrod – 3 – Flugplatz – 4 – Feldkrücken – 4 – **Ulrichstein = 26 km**

Auch dieser Wanderweg durch den Naturpark Hoher Vogelsberg verbindet Hauptwanderstrecken im westlichen Vogelsberg.

Wir beginnen unsere Wanderung in **Gedern** an der Kirche und folgen der Markierung bis zum See. Von hier steigen wir hinauf zu den »Steinernen Bänken« (360 m) und hinunter in das Niddertal. Aufwärts überqueren wir die alte Handelsstraße Mainz–Fulda, erreichen den Hillersbach, wandern durch ein ausgedehntes Waldgebiet und steigen zum Windberg (397 m) hinauf. Abwärts führt der Weg zum Waidbach, bis wir dann wieder hinauf zur Warte (399 m) gelangen. Wir nähern uns Eschenrod. Der Weg führt durch das Dorf in nordwestlicher Richtung, am Golfplatz vorbei in das Läunsbachtal. Wir treffen dort auf die B 276, folgen der Markierung an der Hubertusklause vorbei über den Bockzahl nach **Schotten**, dem Ziel des 1. Wandertages.

Nördlich von **Schotten**, an der Wegegabel der B 276 und dem ehemaligen Schottenring, führt der Wanderweg über einen gut ausgebauten Feldweg hinauf zu der Höhe über Betzenrod.

Von hier bietet sich uns ein eindrucksvoller Ausblick über Schotten, den Nidda-Stausee, das Niddatal, über die Wetterau zum Feldberg im Taunus. In östlicher Richtung erreicht unser Blick den Hohen Vogelsberg.

Wir folgen der Markierung auf dem Höhenrücken bis zum Segelflugplatz. Am Waldrand entlang überqueren wir den Wanderweg gelbes Band, kommen in den Wald und kreuzen die Landstraße. Etwa 1,5 km führt der Weg aufwärts durch Hochwald, bis uns das Dörfchen Feldkrücken im Streitbachtal zu Füßen liegt. Weiter aufwärts wandern wir an den Schleuningsteinen und der Schmitt-Mühle vorbei nach **Ulrichstein** (600 m), der Stadt auf dem Berge.

Hinweise, Sehenswürdigkeiten

Gedern (310 m): 5 Stadtteile, rd. 7000 Einw., staatlich anerkannter Luftkurort im Wetteraukreis in waldreicher Lage mit stark bewegtem Relief. Im Jahr 780 erste urkundliche Erwähnung. Von der Mitte des 16. Jahrh. unter Stolberger Herrschaft. 1742 wird der Graf Friedrich Karl von Stolberg-Gedern in den Fürstenstand erhoben. 1804 stirbt das Geschlecht aus, die Besitzung fällt an das Haus Stolberg-Wernigerode und 1806 an das Großherzogtum Hessen. Die ehemalige Stadtbefestigung ist nicht mehr vorhanden. Von älteren Baudenkmälern ist nur noch der Kirchturm (um 1300 erbaut und mit Schießscharten versehen) erhalten. Das Schloß soll zu einem Hotel umgebaut werden. Gedern war Bahnstation der stillgelegten Bahnlinie Stockheim–Lauterbach.

Gederner See: Nach 1945 entstand, etwa 2 km von der Kernstadt Gedern entfernt, ein vorbildlich gestaltetes Wochenend- und Freizeitzentrum. In reizvoller Umgebung, am Waldrand gelegen, wurde der See für die Entfaltung sportlicher Aktivitäten weitgehend zugänglich gemacht.

Abseits vom See, umgeben von Wald, entstand ein Campingplatz. Er ist zu einem großen Teil an Dauermieter, vorwiegend aus dem Ballungsraum Untermain und Gießen, vergeben.

20 Feriendoppelhäuser mit 258 Betten, die ein geschlossenes Areal in der Nähe des Sees bilden, stehen vorwiegend Familien mit Kindern zur Verfügung. Bei voller Auslastung der organisierten Freizeitanlage zur Ferienzeit im Sommer überwiegt die Anzahl der Feriengäste die Wohnbevölkerung der Kernstadt.

Eschenrod: Stadtteil von Schotten.

Schotten: siehe Wanderung (2).

Betzenrod: Stadtteil von Schotten.

Feldkrücken: Stadtteil von Ulrichstein.

Schleuningsteine: Felsgruppe, vermutlich Basaltschlotreste.

Ulrichstein: siehe Wanderung (3).

(6) Von **Schotten** über den **Hoherodskopf** nach **Schlüchtern** (rd. 47 km)

Markierung: roter Ring **O**

Wanderkarten: 1. Hoher Vogelsberg–Naturparkausgabe 1:50000
2. Blatt L 5722 Schlüchtern 1:50000

Wanderstrecke: **Schotten** – 3 km – Michelbach – 4 – Gackerstein – 3 – Hoherodskopf – 6 – Burg – 4 – Grebenhain – 5 – Nieder-Moos – 2 – Gunzenau – 5 – Reinhards – 4 – Hintersteinau – 4 – Wallroth – 7 – **Schlüchtern = 47 km**

In **Schotten** (282 m) beginnen wir unsere Wanderung an der Grundschule. Hier erreichen wir die Straße Am Bockzahl, die Niddabrücke und dort auch die Markierung roter Ring. In der Straße Zum Alten Feld, am Altenwohnheim, biegt der Wanderweg ab. Wir steigen nun aufwärts, erreichen Michelbach (450 m) und nach 4 km den Gackerstein (663 m). Unterwegs beeindruckt immer wieder die Aussicht über die Mittelgebirgslandschaft des Vogelsberges. An der Jugendherberge vorbei steigen wir zum Hoherodskopf (764 m) empor und haben hier Gelegenheit, uns nach 10 km im Berggasthof, dem Clubhaus des VHC, zu stärken.

Vom großen Parkplatz aus wandern wir, der Markierung roter Ring folgend, den Skihang am Waldrand hinunter, wenden uns dann in östlicher Richtung, erreichen den Rastplatz am Flösserhaus im Tal des Schwarzen Flusses (Schwarzbachtal), die Burg (588 m) und nach 4 km Grebenhain (430 m). Von hier sind es noch 5 km bis zu unserem Tagesziel **Nieder-Moos** (460 m). Das Dorf liegt etwa 800 m abseits unserer markierten Wanderstrecke. Wir erreichen es über die Landstraße.

Vom östlichen Ufer des **Nieder-Mooser Teiches** führt uns die Markierung roter Ring weiter nach Gunzenau, zum Reichloser Teich und später an Reinhards vorbei nach Hintersteinau (355 m). Vorwiegend durch Feldflur, am Auerskopf (435 m) und später an Wallroth vorbei, erreichen wir ein Waldgebiet, wandern über den Großen Hommelstein (301 m) und über die Alte Straße nach **Schlüchtern** (205 m). Die Stadt liegt im reizvollen Kinzigtal, von bewaldeten Anhöhen umrahmt an der »Deutschen Märchenstraße« und im Naturpark Hessischer Spessart.

Hinweise, Sehenswürdigkeiten

Schotten: siehe Wanderung (2).

Michelbach: Stadtteil von Schotten im Vogelsbergkreis.

Gackerstein (663 m): Basaltkuppe vulkanischen Ursprungs.

Hoherodskopf (764 m): siehe Wanderung (3).

Flösserhaus: Forsthütte.

Burg: Felsgruppe aus Basalt im Oberwald.

Grebenhain: Kerngemeinde der Großgemeinde Grebenhain mit 14 Ortsteilen und insgesamt rd. 5000 Einw. im Vogelsbergkreis.

Nieder-Moos: Fremdenverkehrsgemeinde, Ortsteil der Großgemeinde Freiensteinau im Vogelsbergkreis.

Nieder-Mooser Teich: 30,06 ha, künstlich aufgestaut, für den Fremdenverkehr (Wassersport) erschlossen, Campingplatz, Wochenendhausgebiet.

Gunzenau: Ortsteil der Gemeinde Freiensteinau im Vogelsbergkreis.

Reichloser Teich: 8,6 ha, künstlich aufgestaut, Naturschutzgebiet.

Reinhards: Ortsteil der Gemeinde Freiensteinau.

Hintersteinau: Stadtteil von Steinau im Main-Kinzig-Kreis.

Wallroth: Stadtteil von Schlüchtern im Main-Kinzig-Kreis.

Schlüchtern: 12 Stadtteile, rd. 15000 Einw., staatlich anerkannter Luftkurort, Kreisstadt bis zum Jahr 1974, heute Main-Kinzig-Kreis, an der alten »Straße des Reiches« – der Handelssstraße von Frankfurt/M. nach Leipzig – gelegen.

Geschichtliche Daten: Im 8. Jahrh. Gründung eines Benediktinerklosters, unter dem Namen »sluohderin« (in den Sümpfen) im Jahr 993 erstmals erwähnt, nach 1500 Stadtrechte.

Baudenkmäler: Kloster mit Bauteilen aus den Jahren zwischen 800 und 1354, Lauter'sches Schlößchen (um 1400) mit dem heutigen Bergwinkelmuseum (u. a. mit Ausstellungsstücken zur Erinnerung an die Brüder Grimm), Rathaus von 1570.

(7) Von **Echzell** über den **Hoherodskopf** nach **Hochwaldhausen** (rd. 48 km)

Markierung: rotes Kreuz ✚

Wanderkarten: 1. Blatt L 5718 Friedberg 1:50000
2. Blatt L 5518 Gießen 1:50000
3. Hoher Vogelsberg–Naturparkausgabe 1:50000

Wanderstrecke: **Echzell** – 9 km – Bad Salzhausen – 6 – Haubenmühle – 13 – Schotten – 5 – Rudingshain – 5 – Forellenteiche – 2 – Hoherodskopf – 3 – Schwarzer Fluß – 5 – **Hochwaldhausen = (rd. 48 km)**

Die Wanderung führt uns von der Wetterau zum Hohen Vogelsberg. Am Bahnhof in **Echzell** treffen wir auf unsere Markierung und wandern die Bisseser Straße entlang bis zum Waldrand. Wir folgen der Markierung, zunächst am Waldrand entlang, dann durch den Berstädter Markwald, am Georgenteich vorbei, unter der Autobahn hindurch, bis wir in der Gemarkung Geiß-Nidda das Waldgebiet verlassen. Unser Weg führt über die Bahnlinie nördlich von Bad Salzhausen, durch den Harbwald an den Harbteichen vorbei zum Hofgut Haubenmühle. Durch den äußeren Gutshof hindurch wenden wir uns anschließend in nordöstlicher Richtung. Über einen Höhenrücken mit guter Fernsicht erreichen wir an einem Wasserhochbehälter die Straße Eichelsdorf–Ulfa. Wir überqueren sie etwa 100 m unterhalb und wandern allmählich ansteigend durch ein ausgedehntes Waldgebiet bis nach **Schotten**, dem Ziel des 1. Wandertages. 28 km liegen hinter uns.

Vom großen Parkplatz in **Schotten** führt der Wanderweg durch das Niddatal nach Rudingshain. Von der Dorfmitte aus wandern wir in nordöstlicher Richtung von 450 m bis auf 600 m ansteigend zu dem oberen Forellenteich. Hier treffen wir auf den mit einem grünen H bezeichneten Höhenrundweg. Ihm folgen wir in südlicher Richtung bis zum Hoherodskopf (764 m). Im Berggasthof, dem Clubhaus des VHC, besteht die Möglichkeit zur Einkehr.

Vom großen Parkplatz aus wandern wir anschließend am Waldrand entlang den Skihang hinunter, bis wir uns unterhalb der Talstation des Liftes in östlicher Richtung wenden. Unser Weg führt durch den Oberwald am Rastplatz Flösserhaus vorbei in das Tal des Schwarzen Flusses (Schwarzbachtal). Durch das Tal, durch Wald und über Waldwiesen erreichen wir **Hochwaldhausen**.

Hinweise, Sehenswürdigkeiten

Echzell: Kerngemeinde der Großgemeinde Echzell mit 4 Ortsteilen und rd. 5400 Einw. im Wetteraukreis.

Geiß-Nidda: Stadtteil von Nidda im Wetteraukreis.

Bad Salzhausen: Hessisches Staatsbad, moderne Therapieeinrichtungen für die Behandlung von rheumatischen Erkrankungen, Herz- und Kreislaufstörungen, Erkrankungen der Gefäße, der Atmungsorgane und des Nervensystems. Stadtteil von Nidda.

Schotten: siehe Wanderung (2).

Rudingshain: Stadtteil von Schotten im Vogelsbergkreis.

Forellenteich: siehe Wanderung (22).

Hoherodskopf (764 m): siehe Wanderung (3).

Flösserhaus: Forsthütte.

Hochwaldhausen: Höhenluftkurort mit anerkanntem Reizklima, zusammen mit Ilbeshausen Ortsteil der Großgemeinde Grebenhain.

Teufelsmühle: Die Teufelsmühle in Ilbeshausen wird als schönster Fachwerkbau des Vogelsberges bezeichnet. Sie wurde 1691 von dem Lauterbacher Zimmermeister Hans Muth erbaut. Vorher hatte an diesem Platz schon eine Riedesel'sche Mühle gestanden, die von dem Müller K. Tuvel (= Teufel) betrieben wurde. Darauf geht vermutlich der Name Teufelsmühle zurück.

Baugeschichtlich interessant ist das unterhalb der oberen Fensterreihe verlaufende prächtige Fachwerkband, von Walbe als Thüringer Einfluß erkannt. Ein weiteres Merkmal dieses Bauwerkes sind die sieben Verkragungen im Giebelwandgefüge, die der Außenwand des Prunkgiebels eine achtmalige Abstufung verleihen.

Nach einer Sage soll der Zimmermann H. Muth mit dem Teufel um die Wette gebaut haben. Der Teufel baute den schmucken und verzierten nördlichen Giebel, während Muth den Südgiebel errichtete. Der Teufel wurde früher fertig, der Zimmermann verlor seine Wette und seine Seele. Mit triumphierendem Hohngelächter soll der Teufel samt Zimmermann in die Höhe gefahren sein.

(8) Von **Bad Nauheim** durch die Wetterau und über den nördlichen Vogelsberg nach **Schlitz** (rd. 96 km)

Markierung: blauer Ring **O**

Wanderkarten:	1. Blatt L 5718 Friedberg	1:50000
	2. Blatt L 5518 Gießen	1:50000
	3. Hoher Vogelsberg – Naturparkausgabe	1:50000
	4. Blatt L 5322 Lauterbach	1:50000

Wanderstrecke: **Bad Nauheim** – 5 km – Steinfurth – 9 – Münzenberg – 6 – Kloster Arnsburg – 4 – Lich – 9 – Nonnenroth – 8 – Laubach – 8 – Jägerhaus – 8 – Petershainer Hof – 6 – Ulrichstein – 9 – Dirlammen – 9 – Lauterbach – 7 – Steinberg – 8 – **Schlitz** **= 96 km**

Wir beginnen in **Bad Nauheim** am Bahnhof, wandern südlich des Haupteinganges durch die Bahnunterführung und anschließend in nördlicher Richtung nach Steinfurth. Durch Feld- und Waldflur, über Höhenrücken erreichen wir nach 9 km Münzenberg. Die Burgruine mit ihren beiden Türmen weist den Weg. Von dem begehbaren Turm aus bietet sich uns ein eindrucksvoller Blick über die Landschaft der Wetterau. Am Ortsausgang von Trais-Münzenberg überschreiten wir die Wetter und wandern weiter nach Kloster Arnsburg. Nach 4 km erreichen wir unser Tagesziel **Lich**. 24 km liegen hinter uns.

Am nächsten Tag wandern wir von **Lich** in östlicher Richtung, vorwiegend durch Waldgebiete, durch Nonnenroth nach **Laubach** im Naturpark Hoher Vogelsberg. 17 km haben wir zurückgelegt.
Von **Laubach** nach **Ulrichstein**, nach 22 km das nächste Tagesziel, führt der Weg von 205 m auf 600 m allmählich ansteigend durch den Naturpark. Wir wandern durch ausgedehnte Waldgebiete, durch das Horlofftal zum Petershainer Hof und durch Kölzenhain zu dem Städtchen am Hang des Schloßberges.

Von **Ulrichstein** nach **Schlitz**, über eine Strecke von 33 km, führt der Wanderweg durch die Kreisstadt Lauterbach. An unserem letzten Wandertag erleben wir die typische Landschaft des östlichen Vogelsberges, die sich deutlich von dem etwas steiler abfallenden Westhang des Vogelsberges unterscheidet. Unterwegs bieten sich weite Ausblicke über diese Landschaft bis zur Rhön.

Hinweise, Sehenswürdigkeiten

Bad Nauheim: 5 Stadtteile, rd. 28000 Einw., größtes Hessisches Staatsbad und größtes Gemeinwesen im Wetteraukreis, liegt am nordöstlichen Abhang des Taunuskammes. Die Kurstadt ist Sitz weltbekannter Forschungsinstitute (z.B. das Max-Planck-Institut/Kerkhoff-Institut, die Balneologie der Justus-Liebig-Universität Gießen).
Weiteres siehe Literaturverzeichnis.

Wetterau: siehe Wanderung (2).

Steinfurth: Stadtteil von Bad Nauheim, seit 1868 Rosenanbaugebiet.

Münzenberg: siehe Wanderung (2).

Trais-Münzenberg: Stadtteil von Münzenberg.

Kloster Arnsburg: 1197 Zisterzienserkloster, 1803 säkularisiert und im Besitz der Grafen zu Solms-Laubach, heute z.T. Ruine (Kirchenschiff), verschiedene Gebäude (Prälatenbau, 1727) sind bewohnt. In der Nähe verlief der Limes (ehem. Kastell). Im Kreuzgang des Klosters wurde 1959 ein Kriegsopfer-Friedhof angelegt. Auf dem Hainfeld in den letzten Jahren Ausgrabungen (Vorgängerburg der Münzenburg).

Lich: 8 Stadtteile, rd. 11500 Einw. im Landkreis Gießen. Die Gemarkung ist altes Siedlungsgebiet, Funde aus der Steinzeit, aus der Römerzeit, 788 erste Urkunde, 1300 Stadtrechte, 1419 unter Solmser Herrschaft.

Sehenswürdigkeiten: Marienstiftskirche 1509 bis 1517 erbaut, Stadtbefestigung teilweise erhalten, Schloß, der viereckige Turm (Wahrzeichen der Stadt) war Wehr-, Wart- und Kirchturm.

Nonnenroth: Stadtteil von Hungen im Landkreis Gießen.

Laubach: siehe Wanderung (4).

Kölzenhain: Stadtteil von Ulrichstein.

Ulrichstein: siehe Wanderung (3).

Lauterbach: siehe Wanderung (18).

Schlitz: siehe Wanderung (17).

(9) Von **Langenselbold** durch das Ronneburger Hügelland und über den **Hoherodskopf** nach **Lauterbach** (rd. 87 km)

Markierung: gelbes Kreuz ✚

Wanderkarten: 1. Blatt L 5720 Gelnhausen 1:50000
2. Hoher Vogelsberg – Naturparkausgabe 1:50000

Wanderstrecke: **Langenselbold** – 11 km – Ronneburg – 4 – Vonhausen – 5 – Büdingen – 10 – Bindsachsen – 6 – Wenings – 5 – Gedern – 9 – Herchenhain – 6 – Hoherodskopf – 9 – Ulrichstein – 8 – Totenköppel – 1 – Meiches – 7 – Allmenrod – 6 – **Lauterbach** **= 87 km**

Die Wanderstrecke, die früher in Hanau begonnen hat, ist von Langenselbold aus markiert.

Wir wandern von **Langenselbold** in nordwestlicher Richtung. Der Wanderweg folgt etwa 2 km der Landstraße zum Bruderdiebacher Hof und führt von hier durch freie Feldflur zum Marköbeler Wald. Vom Waldrand genießen wir zunächst die Aussicht über das Kinzigtal zum Spessart und zum Ballungsraum Hanau – Frankfurt/M. Wir wandern weiter durch das Hügelland bis nach Altwiedermus und zur Ronneburg, die wir besichtigen sollten.

Von hier führt der Weg durch Vonhausen und vorbei am Herrnhaag und durch Lorbach nach **Büdingen**. Wir haben am 1. Tag 20 km zurückgelegt.

In **Büdingen** beginnen wir am Untertor (Jerusalemer Tor), steigen hoch zum Pfaffenwald und genießen den Blick über die mittelalterliche Stadt. Durch den Büdinger Stadtwald hindurch erreichen wir Michelau und später Bindsachsen. Der Wanderweg führt weiter über Wenings zu unserem Tagesziel **Gedern**. 21 km liegen hinter uns.

Von **Gedern** (310 m) aus müssen wir nun ansteigen, denn der Wanderweg führt uns über Herchenhain (650 m) zum Hoherodskopf (764 m). Unterhalb des Clubhauses des VHC folgen wir zunächst dem Höhenrundweg, der mit einem grünen H gekennzeichnet ist, bis zum Parkplatz Niddaquelle (siehe Wanderung (22)). Von hier begleitet uns wieder die Markierung gelbes Kreuz bis nach **Ulrichstein** (600 m). 24 km haben wir heute zurückgelegt.

Am 4. Tag wandern wir von **Ulrichstein** über den nördlichen Vogelsberg nach **Lauterbach**, der Kreisstadt, die wir nach 22 km erreichen. Beschreibung dieses Teilstücks siehe Wanderung (35).

Hinweise, Sehenswürdigkeiten

Langenselbold: Stadt im Main-Kinzig-Kreis mit rd. 10500 Einw.

Altwiedermus: Ortsteil der Gemeinde Ronneburg im Main-Kinzig-Kreis.

Ronneburg: Gut erhaltene, imposante Wehranlage auf einer Anhöhe, Wahrzeichen der südlichen Wetterau mit einem 38 m hohen begehbaren Bergfried. Im 13. Jahrh. von den staufischen Königen angelegte Wehrburg. Danach weiter ausgebaut und ab 1476 im Besitz des Hauses Ysenburg. Die Anlage, die sich heute noch im Besitz des Fürsten zu Ysenburg-Büdingen befindet, umfaßt u.a. ein Museum und ein Hotel mit Restaurant.

Vonhausen: Stadtteil von Büdingen im Wetteraukreis.

Herrnhaag: 1264 erhielten Nonnen des Zisterzienser-Ordens von Ludwig von Ysenburg die Kirche. Sie bauten ein Kloster, zogen aber 1287 wieder ab und bauten ihr neues Kloster Marienborn. 1737 siedelte sich die Herrnhuter Brüdergemeinde unter dem Grafen Zinzendorf an, nachdem sie von den Ysenburgern aufgenommen worden war. Sie erweiterte die Anlage, die später als fürstlicher Gutshof genutzt wurde. Die heutige Kirche wurde 1835 erbaut.

Lorbach: Stadtteil von Büdingen.

Büdingen: siehe Wanderung ⑩.

Michelau: Stadtteil von Büdingen.

Bindsachsen: Orstteil der Gemeinde Kefenrod im Wetteraukreis.

Wenings: Stadtteil der Stadt Gedern im Wetteraukreis.

Gedern: siehe Wanderung ⑤.

Herchenhain: siehe Wanderung ④.

Hoherodskopf: siehe Wanderung ③.

Ulrichstein: siehe Wanderung ③.

Lauterbach: siehe Wanderung ⑱.

⑩ Auf dem Vater-Bender-Wanderweg von **Frankfurt/M.** über den **Hoherodskopf** nach **Alsfeld** (rd. 118 km)

Markierung: rot-weißes Band ▬

Wanderkarten:	1. Blatt L 5918 Frankfurt/M.-Ost	1:50000
	2. Blatt L 5718 Friedberg	1:50000
	3. Blatt L 5720 Gelnhausen	1:50000
	4. Hoher Vogelsberg – Naturparkausgabe	1:50000
	5. Blatt L 5320 Alsfeld	1:50000

Wanderstrecke: **Frankfurt/M.-Seckbach** – 1 km – Lohrberg – 3 – Bergen – 15 – (über die Hohe Straße) Ostheim – 9 – Langen-Bergheim – 7 – Grauer Stein – 2 – Herrnhaag – 5 – Büdingen – 6 – Michelau – 8 – Wenings – 6 – Ober-Seemen – 6 – Volkartshain – 3 – Hartmannshain – 3 – Herchenhainer Höhe – 5 – Taufstein – 1 – Hoherodskopf – 7 – Feldkrücker Höhe – 6 – Ulrichstein – 10 – Groß-Felda – 10 – Oberrod – 5 – **Alsfeld = 118 km**

Der Wanderweg wurde im Jahr 1909 von dem Frankfurter Professor Georg Bender, dem ehemaligen Jugendwart des VHC, festgelegt und zusammen mit 2 Helfern innerhalb von 8 Ferientagen mit Farbe markiert. Sie wollten den naturhungrigen Großstädtern den Weg in die vom Verkehr wenig berührte und erholsame Landschaft des Vogelsberges weisen.

Es empfiehlt sich, die Wanderung in 5 Teilstrecken zu untergliedern, um die Sehenswürdigkeiten am Weg ohne Hast betrachten zu können.

1. Tag: **Frankfurt/M.-Seckbach – Ostheim** = 19 km

Wir beginnen die Wanderung in Seckbach an der Bushaltestelle Atzelberg-Ost, an der Endstation der Linie 38. Hier befindet sich eine Erinnerungstafel an Prof. Bender. Unser Weg führt uns über den Lohrberg mit einem eindrucksvollen Ausblick über die Stadt Frankfurt nach Bergen. Am Ortsausgang von Bergen ist die Markierung z. Zt. infolge umfangreicher Bauarbeiten unterbrochen, und wir müssen uns mit Hilfe der Karte orientierern. Über die Hohe Straße, durch freie Feldflur, erreichen wir unser Tagesziel **Ostheim**.

2. Tag: **Ostheim – Büdingen** = 23 km

Wir verlassen **Ostheim** in nordöstlicher Richtung und wandern durch Feld- und Waldflur nach Langen-Bergheim. Etwa 1 km vor dem Dorf überqueren wir den Limes und den mit ihm parallel verlaufenden Limes-Wanderweg. Östlich von L.-B. unterqueren wir die A 45 und erreichen nach 7 km die Anhöhe »Grauer Stein« (257 m). Am Herrnhaag vorbei und durch Lorbach hindurch nimmt uns **Büdingen** auf.

3. Tag: **Büdingen** (133 m) – **Hartmannshain** (585 m) = 29 km
In **Büdingen** beginnen wir am Untertor (Jerusalemer Tor). Wir wandern ein Stück der Stadtmauer entlang und unterhalb der Jugendherberge vorbei. Durch den Büdinger Stadtwald hindurch erreichen wir Michelau und nach weiteren 8 km Wenings. Der Wanderweg führt weiter durch Ober-Seemen, Volkartshain nach **Hartmannshain**.

4. Tag: **Hartmannshain** (580 m) – **Ulrichstein** (600 m) = 22 km
Von der Bundesstraße B 275 biegt der Wanderweg von **Hartmannshain** ab zur Herchenhainer Höhe (733 m). Nachdem wir den Wald verlassen haben, bietet sich uns ein weiter Blick über Herchenhain zur Wetterau, zum Taunus und zum Spessart. Die Markierung führt uns durch den Oberwald zum Taufstein (773 m), der höchsten Erhebung im Vogelsberg. Nun folgen wir in südlicher Richtung dem mit einem grünen H gekennzeichneten Höhenrundweg über den Hoherodskopf (764 m), vorbei an den Forellenteichen, bis zum Parkplatz Niddaquelle. Von hier folgen wir dem rot-weißen Band über die Feldkrücker Höhe und durch Feldkrücken bis nach **Ulrichstein**.

5. Tag: **Ulrichstein** (600 m) – **Alsfeld** (264 m) = 25 km
Wir verlassen **Ulrichstein** am Lindenplatz und wandern zur Höhe Eckmannshain hinauf. Von hier führt unsere Wanderung durch den nördlichen Vogelsberg über Höhenrücken mit weiten Ausblicken und durch freie Feldflur. Wir erreichen Stumpertenrod und später Groß-Felda. Vom Feldatal wandern wir über den Grohenberg und erreichen danach ein ausgedehntes Waldgebiet. Wir kommen nach Nieder-Breidenbach, durchwandern das Antrifttal und nähern uns Liederbach. **Alsfeld**, das Ziel der Wanderung, liegt nun vor uns.

Hinweise, Sehenswürdigkeiten

Frankfurt am Main: Großstadt mit rd. 650000 Einw. im Zentrum der Bundesrepublik Deutschland, Verkehrsknotenpunkt, Universitätsstadt, Zentrum von Handel und Banken (Börse), Messestadt, reich an historischen Bauwerken (z. B. Römerberg, Dom), Museen.

Weiteres siehe Literaturverzeichnis.

Lohrberg: Kleines Weinanbaugebiet vor den Toren der Stadt, Park- und Freizeitanlage.

Bergen: Stadtteil von Frankfurt/M.

Ostheim: Stadtteil von Nidderau im Main-Kinzig-Kreis.

Langen-Bergheim: Ortsteil der Gemeinde Hammersbach im Main-Kinzig-Kreis.

Limes: Römischer Grenzwall.

Herrnhaag: siehe Wanderung (9).

Lorbach: Stadteil von Büdingen im Wetteraukreis.

Büdingen: 15 Stadtteile, rd. 18000 Einw., ehemalige Kreisstadt, gehört heute zum Wetteraukreis, staatlich anerkannter Luftkurort am Südrand des Vogelsberges im Seemenbachtal mit zeitgemäßen Fremdenverkehrseinrichtungen.

Büdingen hat ein romantisch altertümliches Stadtbild bewahrt. Zahllos sind die Baudenkmäler aus vergangenen Jahrhunderten. Neben dem Schloß des Fürsten zu Ysenburg-Büdingen, der Remigiuskirche (9.–11. Jahrh.) und der spätgotischen Marienkirche (Ende des 15. Jahrh.) ist das spätgotische Rathaus mit steinernem Treppengiebel inmitten einer Reihe alter Fachwerkhäuser erwähnenswert. Eine Seltenheit sind die erhaltenen Stadtmauern mit Türmen und Toren (1353–1503). Prunkstück und Wahrzeichen der historischen Stadt ist das Untertor, auch Kreuztor und Jerusalemer Tor genannt. Empfehlenswert ist ein Gang über den »Alt-Büdinger Rundweg«. Eine Beschreibung liefert das Verkehrsamt der Stadt.

Michelau: Stadtteil von Büdingen.

Wenings und **Ober-Seemen**: Stadtteile von Gedern im Wetteraukreis.

Volkartshain: Ortsteil der Gemeinde Grebenhain im Vogelsbergkreis.

Hartmannshain: siehe Wanderung (4).

Herchenhainer Höhe (733 m): siehe Wanderung (2).

Taufstein (773 m): siehe Wanderung (22).

Hoherodskopf (764 m): siehe Wanderung (3).

Forellenteiche: siehe Wanderung (22).

Feldkrücken: Stadtteil von Ulrichstein im Vogelsbergkreis.

Ulrichstein: siehe Wanderung (3).

Stumpertenrod: Ortsteil der Gemeinde Feldatal im Vogelsbergkreis, größte Fachwerkkirche im Vogelsberg (1696) mit der umziehenden Empore (1712).

Groß-Felda: Kerngemeinde von Feldatal im Vogelsbergkreis.

Nieder-Breidenbach: Stadtteil von Romrod im Vogelsbergkreis.

Liederbach: Stadtteil von Alsfeld im Vogelsbergkreis.

Alsfeld: 16 Stadtteile, rd. 18000 Einw., ehemalige Kreisstadt, gehört heute zum Vogelsbergkreis.

Die Stadt liegt an der Schwalm, am Rand des Vogelsberges, und sie gilt als der bedeutendste zentrale Ort im Städteviereck Gießen, Marburg, Fulda, Hersfeld mit einer stark verbesserten Infrastruktur.

Das gut erhaltene und restaurierte Stadtbild mit einer Fülle von Fachwerkgebäuden bietet einen vollständigen Überblick über die Entwicklung des Holzbaus vom späten Mittelalter bis zum Beginn des 19. Jahrhunderts. Das 1512–1516 erbaute Rathaus mit seinen Erkern und Spitzhelmen auf einem Marktplatz, der zu den schönsten in Deutschland zählt, ist seit Bestehen Sitz der Selbstverwaltung der Stadt. Um den Marktplatz gruppieren sich u. a. das Weinhaus (1538) und das Hochzeitshaus (1564–1571). Der Europarat hat Alsfeld als Europäische Modellstadt ausgezeichnet.

(11) Von **Herrnhaag** nach **Fulda** auf einem Teilstück der alten Handelstraße Mainz–Fulda, der »Hohestraße« (rd. 70 km)

Markierung: weißes Dreieck △

Wanderkarten: 1. Blatt L 5720 Gelnhausen 1:50000
2. Hoher Vogelsberg-Naturparkausgabe 1:50000
3. Blatt L 5522 Herbstein 1:50000

Wanderstrecke: **Herrnhaag** – 2 km – Vonhausen – 13 – (Reffenstraße) Leisenwald – 5 – Hitzkirchen – 6 – Fischborn – 6 – Radmühl – 9 – Reichlos – 8 – Pfaffenrod – 9 – Giesel – 8 – Sickels – 4 – **Fulda = 70 km**

Im Jahr 1932 hat der VHC-Zweigverein Büdingen unter Anleitung seiner Vorstandsmitglieder und Heimatforscher Peter Nies und Karl Heuson das Teilstück Herrnhaag–Fulda als Wanderweg ausgewiesen und mit einem weißen Dreieck markiert. Es war ein Stück echte Kulturarbeit, diesen Weg ausfindig zu machen und mit ihm die Geschichte lebendig werden zu lassen.

Die alten Handelsstraßen, die meistens über Höhenrücken führten, sind Wege, die auch heute noch an bestimmten Punkten in ihrer Trassierung erkennbar sind. Ihre Spuren finden sich als Urbestand heutiger Feld- und Waldwege, und sie dienten oft dem neuzeitlichen Straßenbau als Richtungsweiser.

Auf alten Flur- und Höhenschichtenkarten führt die hier beschriebene alte Handelsstraße folgende Namen:

In der Gemarkung Marköbel »Hohestraße«, in den Gem. Langen-Bergheim und Vonhausen »Straße«, von hier bis Hitzkirchen »Reffenstraße«, in der Gem. Fischborn »Straße« und auch »Kärnersweg«, von Radmühl bis Reichlos »Alte Straße« und weiterführend bis Fulda (nicht sicher belegt) »Antsanvia« oder auch »Ortesweg«.

Wanderung: Am Friedhof **Herrnhaag** beginnt der markierte Wanderweg. Er führt durch Vonhausen und anschließend etwa 8 km durch den Büdinger Wald.

Wer die Wanderung in **Büdingen** beginnen möchte, wandert vom Untertor aus in südlicher Richtung. Die Markierung blaues Band, der wir von hier folgen, führt über den Dolberg zum Geisweiher. Etwa 500 m hinter dem Weiher treffen wir auf die Markierung weißes Dreieck, die uns nun begleitet.

Die »Reffenstraße« führt am Moorhans, einer früheren Braunkohlenzeche, vorbei. Bald verlassen wir den Büdinger Bannforst und genießen kurz vor Leisenwald eine herrliche Fernsicht auf das Seemenbachtal mit dem Hügelland bis zum fernen Vogelsberg. Über den Herzberg, durch das Brachttal, an alten Grenzsteinen vorbei – hier verlief die Grenze zwischen dem Großherzogtum Hessen (GH) und dem Königreich Preußen (KP) – erreichen wir Hitzkirchen mit seiner alten Wehrkirche. In diesem Ort wandern wir an einer alten Ölmühle mit einem unterschlächtigen Wasserrad vorbei und gelangen nach knapp 6 km durch Feld- und Waldflur nach Fischborn. Unser Tagesziel **Radmühl** erreichen wir nach weiteren 6 km. Von Herrnhaag und von Büdingen bis Radmühl haben wir 32 km zurückgelegt.

Radmühl verlassen wir am nächsten Tag in nordöstlicher Richtung und wandern 5 km auf einem freien Höhenrücken, von dem aus sich herrliche Ausblicke zu den Mooser Teichen, zur Herchenhainer Höhe, zum Oberwald mit dem Hoherodskopf und dem Taufstein bieten.

Unterhalb der Naxburg überschreiten wir eine Landstraße und verlassen den Scheuerwald. Vor uns liegt der Reichloser Teich, ein Naturschutzgebiet. Dahinter steigen Weideflächen sanft an bis hinauf zum Dörfchen Reichlos.

Durch eine abwechslungsreiche Landschaft, vorbei an Weiden, Teichen, Mühlen und einzelnen Gehöften führt die »Alte Straße« durch Pfaffenrod, an Hosenfeld vorbei, hinein in den ausgedehnten Gieseler Forst. Schließlich gelangen wir in das Siebenbrunnental zur **Sieberzmühle**, unserem Tagesziel. 22 km haben wir an diesem Tag bewältigt.

Von der **Sieberzmühle** folgt der Wanderweg wenige Minuten der Landstraße in Richtung Fulda, er führt weiter durch das Ochsental und dann hinauf zu den Sieberzheiligen. Bald liegt der Ort Giesel vor uns. Wir durchwandern ihn und erreichen auf einem Kirchpfad, meist durch Wald, den Ort Istergiesel. Beim Austritt aus dem Bannforst sehen wir vor uns Fulda, und der Wanderer ist beeindruckt von dem zauberhaft schönen Anblick der Barock- und Bischofsstadt mit den Kuppen der Rhön im Hintergrund. Durch Zell, Zirkenbach, am Röderkreuz vorbei erreichen wir den Stadtteil Neuenberg (DJH) und schließlich die Stadt **Fulda**. 18 km liegen hinter uns.

⑫ Von **Friedberg** durch die **Wetterau** nach **Gelnhausen** (rd. 48 km)

Eine Wanderung zu historisch bedeutsamen Stätten zwischen Usa und Kinzig

Markierung: grünes Andreaskreuz ✖
Wanderkarten: 1. Blatt L 5718 Friedberg 1:50000
2. Blatt L 5720 Gelnhausen 1:50000

Wanderstrecke: **Friedberg** – 4 km – Ossenheim – 7 – Sternbacher Kirche – 6 – Kloster Engelthal – 3 – Altenstadt – 8 – (Limeswanderweg) Langen-Bergheim – 6 – Ronneburg – 5 – Mittel-Gründau – 2 – Hain-Gründau – 7 – **Gelnhausen = 48 km**

Die **Wetterau** ist altes Siedlungsgebiet. Unsere Wanderung führt uns zu historisch bedeutsamen Stätten aus der Römerzeit; wir wandern ein Stück dem Limes entlang. Wir treffen auf Spuren aus dem Mittelalter und der Neuzeit. Die Wanderung kann als eine Exkursion mit geschichtlichem und kunsthistorischem Schwerpunkt gestaltet werden. Gründliche Information kann diese Schrift nicht liefern. Als Ergänzung ist daher weitere Literatur erforderlich, auf die im Anhang verwiesen wird.

Die Wanderung beginnt am Bahnhof in **Friedberg**, und sie führt durch die Bahnunterführung nach Fauerbach, der Usa entlang, bis nach Ossenheim und Wickstadt. Wir überqueren nun die Nidda und wandern am Waldrand entlang bis zur Sternbacher Kirche. Nach der Besichtigung führt uns die Markierung durch Wald weiter bis zum Kloster Engelthal. Nach 2 km erreichen wir unser Tagesziel **Altenstadt**. 20 km haben wir zurückgelegt.

Am 2. Wandertag führt unser Weg von **Altenstadt**, zusammen mit dem Limeswanderweg, in fast gerade Linie dem Limes entlang, durch den Windecker Forst bis zur Drususeiche. Der Limes ist teilweise sichtbar. Er ist allerdings zu einem breiten, flachen Wall verschleift worden. Nach etwa 1 km trennen sich die beiden Wanderwege, und wir folgen unserer Markierung in östlicher Richtung durch Langen-Bergheim, durch das Ronneburger Hügelland bis zur Ronneburg. Nun nimmt uns der Wald auf, und wir wandern weiter durch Mittel-Gründau, südlich an Hain-Gründau vorbei, weiter durch den ausgedehnten Büdinger Wald bis nach **Gelnhausen**. 28 km liegen an diesem Tage hinter uns.

Hinweise, Sehenswürdigkeiten

Friedberg: 5 Stadtteile, rd. 24000 Einw., Kreisstadt des Wetteraukreises, ist wirtschaftlicher Mittelpunkt der Wetterau. Stadtbild und Grundriß markieren die historische Entwicklung. Vor nahezu 2000 Jahren eroberten die Römer die germanische Befestigung auf dem Burgberg. Sie errichteten ein Kastell und südlich davon eine römische Stadt. Im Jahr 260 wurde das Kastell von Germanen zerstört. Während der Regierung des Kaisers Barbarossa (1152–1190) wurde Friedberg »Reichsburg«, eine Festung mit einem regierenden Burggrafen, der zugleich Oberhaupt der um 1170 gegründeten Stadt war. Zu Beginn des 19. Jahrhunderts kamen Burg und Stadt unter die Herrschaft des Großherzogs von Hessen-Darmstadt.

Die Burg Friedberg ist nach ihrem Flächeninhalt von 39000 qm die größte Burg Deutschlands. Der Komplex mit dem Renaissance-Schloß, den Burgmannenhäusern, dem Adolfsturm und anderen baulichen und gärtnerischen Anlagen läßt etwa den Zustand um 1500 erkennen.

Wickstadt: Hofgut des ehem. Klosters Arnsburg, seit 1803 der Grafen Solms-Rödelheim. Barockkirche von 1707. Gottesdienst findet heute unregelmäßig statt. Die Kirche, die 1956/57 restauriert worden ist, ist Ausgangspunkt der Wallfahrten nach Maria Sternbach.

Sternbacher Kirche: Pfarrkirche des ehem. Dorfes Sternbach, das seit 1550 nicht mehr vorhanden ist. Heute Wallfahrtskirche Maria Sternbach. 778 erstmals eine Kirche beurkundet, heutige Kirche mit Bauteilen aus mehreren Jahrhunderten: 13. Jahrh. flachgedecktes Langhaus, 1455 spätgotischer Chor, 1748 Hochaltar, in der Vorhalle 2 Steine eines 1725 errichteten ehem. Stationsweges von Wickstadt nach Sternbach.

Kloster Engelthal: Ehem. Zisterzienserinnenkloster, 1268 gegr., 1803 aufgehoben. Seit 1961 Benediktinerinnenkloster, Gebäude danach weitgehend restauriert. Das Hofgut befindet sich im Privatbesitz.

Altenstadt: 6 Stadtteile, rd. 9500 Einw., unmittelbar am Limes gelegen, ehem. römisches Kastell.

Ronneburg: siehe Wanderung (9).

Gelnhausen: siehe Wanderung (14).

(13) Auf dem Limeswanderweg durch die Wetterau von **Butzbach** bis nach **Groß-Krotzenburg am Main** (rd. 91 km)

Markierung: schwarzer Limesturm ⇞

Wanderkarten:

1.	Blatt L 5518 Gießen	1:50000
2.	Blatt L 5718 Friedberg	1:50000
3.	Blatt L 5918 Frankfurt/M.-Ost	1:50000

Wanderstrecke: **Butzbach** (Römerturm am Parkplatz Schrenzerbad) – 11 km – Römerturm Pohlheim – 8 – Kloster Arnsburg – 10 – Hungen – 4 – Inheidener See – 2 – Steinheim – 2 – Unter-Widdersheim – 7 – Bisses – 3 – Bingenheim – 6 – Staden – 6 – Altenstadt – 10 – Marköbel – 5 – Ravolzhausen – 3 – Langendiebach – 3 – Rückingen – 11 – **Groß-Krotzenburg am Main = 91 km**

Der **Limes**, die ehemalige Grenze des Römerreiches, ist während der Chattenkriege Kaiser Domitians (83–85 n. Chr.) entstanden. Er führt vom Rhein (etwa 25 km nordwestlich von Koblenz) bis zur Donau (unweit von Regensburg) und ist ungefähr 500 km lang. In ihrem letzten Ausbauzustand ist die Grenzstrecke von mehr als 60 Limeskastellen geschützt worden. 900 Wachttürme standen daran. Die Wehrbauten sind Zeugen einer jahrhundertelangen Auseinandersetzung mit den Germanen. Noch als Ruinen wecken die antiken Bauten in unserer Landschaft das Interesse großer Bevölkerungsgruppen, die die Heimatgeschichte erforschen wollen und die Spuren der Geschichte suchen.
Deutsche Gebirgs- und Wandervereine haben in gemeinsamer Arbeit auf der gesamten Strecke der ehemaligen römischen Befestigungsanlage, vom Rhein bis zur Donau, einen Wanderweg ausgewiesen und ihn mit dem Symbol eines römischen Wachtturms markiert.
Der VHC betreut das Teilstück des Limeswanderweges von Butzbach durch die Wetterau bis nach Groß-Krotzenburg am Main auf einer Länge von 91 km.
Der markierte Wanderweg kann infolge der durch Menschenhand veränderten Landschaft (Landbewirtschaftung, Straßenbau und sonstige Baumaßnahmen) nicht immer dem Limesverlauf folgen. Den interessierten Wanderer mögen daher die o. g. Wanderkarten begleiten. Der Verlauf des Limes, des Limeswanderweges und die Abweichungen von einer gemeinsamen Linienführung sind in den Karten ersichtlich. Als Literatur wird empfohlen: D. Baatz: DER RÖMISCHE LIMES, Archäologische Ausflüge zwischen Rhein und Donau, Gebr. Mann Verlag, Berlin.

Ein Besuch des Saalburg-Museums im Taunus kann ebenfalls der Vorbereitung der Wanderung dienen.
Die Beschreibung des Wanderweges konzentriert sich auf dieses kulturgeschichtliche Denkmal und vermeidet bewußt Hinweise auf Zeugen anderer Epochen.
Es wurde auch vermieden, die gesamte Strecke in Tagesetappen zu unterteilen, da unterschiedliche Interessen der Wander- und Heimatfreunde dies nicht geboten erscheinen lassen.
Die Wetteraustrecke des Limes hatte eine größere Bedeutung als die angrenzenden Limesstrecken. Die Römer wollten die fruchtbaren Landstriche der Wetterau gegen die Germanen abgrenzen und schützen. Da wichtige Verkehrsverbindungen vom Mittelrhein über die Grenze hinweg in das Innere des freien Germanien verliefen, herrschte hier ein entsprechender Grenzverkehr, und die Gefahr germanischer Überfälle war groß. Infolgedessen mußte die Grenze viel stärker mit Wachttruppen besetzt und befestigt werden.
Wer die Wanderung auf dem Limeswanderweg unternimmt, um den Limes mit seinen Wehrbauten kennenzulernern, sollte nicht mit falschen Erwartungen beginnen. Es wird Mühe kosten, den Limes und seine Baureste zu finden. Man muß sich Zeit nehmen beim Nachspüren und Entdecken. An manchen Stellen ist er noch gut erhalten. Oft wurde auch versucht, Wehrbauten zu rekonstruieren. Die Nachbildungen sind jedoch meistens vereinfacht und nicht originalgetreu errichtet worden.

Butzbach – Römerturm Pohlheim

Die Nachbildung eines römischen Wachtturmes steht in der Nähe des Parkplatzes am Schrenzerbad in Butzbach. Hier beginnt die Wanderung, und sie führt in fast gerader Linie in nordöstlicher Richtung parallel zum Limes, der westlichen Wetteraulinie. Im Griedeler Markwald und im Gambacher Wald sind Reste (Schutthügel) von Steintürmen zu sehen. Der Limes selbst, ehemals als Pfahlgraben aufgebaut, ist an manchen Stellen noch ausfindig zu machen. Im Zuge des Limes befindet sich eine Überführung über die Autobahn A 45. Im weiteren Verlauf der Wanderung findet man Hügel, die auf Grabungen zurückzuführen sind. Etwa 200 m nordöstlich der Kreuzung der Landstraßen Langgöns – Grüningen – Holzheim befinden sich Reste des Kleinkastells Holzheimer Unterwald. Zum Waldrand hin ist der Pfahlgraben gut zu erkennen. Die gerade Limesstrecke endet auf dem Sandberg, wo der Versuch unternommen wurde, einen steinernen Limesturm zu rekonstruieren. Vom Turm aus hat man eine gute Sicht auf die anschließende Limesstrecke.

Römerturm Pohlheim–Kloster Arnsburg
Vom Römerturm aus geht der Pfahlgraben in einen Feldrain über, und er knickt nach Nordosten ab. 300 m östlich der Landstraße Steinberg–Grüningen lag das Kleinkastell Hainhaus. Reste sind nicht mehr auszumachen. Die nördliche Linie des Limes folgt etwa der geographischen Grenze der Wetterau. Dieser Abschnitt gehörte zu den am stärksten gefährdeten Strecken. Deshalb ist er schon früher mit Truppen belegt worden. Um die Autobahn durch eine Unterführung kreuzen zu können, weicht der Wanderweg etwa 3 km von der Limesstrecke ab. Innerhalb des Markwaldes ist der Pfahlgraben stellenweise noch gut erkennbar. In der Nähe des Klosters Arnsburg erreicht der Limes die Wetter. Etwa 1 km südwestlich des Klosters stand das Steinkastell Arnsburg.

Kloster Arnsburg–Hungen
Nach dem Verlassen des Klosterbereiches kann der Wanderweg über eine Strecke von etwa 5 km dem Limes nicht folgen, da wegen landwirtschaftlicher Nutzung eine Begehbarkeit nicht möglich ist. Wir wandern durch Birklar, kreuzen den Limes westlich des Lindenberges und treffen etwa 2 km westlich von Hungen wieder auf ihn, um ihm dann weiter zu folgen. Im Feldheimer Wald stand ein Kleinkastell.

Hungen–Altenstadt
Östlich des Inheidener Sees erreicht der Limes das ehemals sumpfige Horlofftal, und wir folgen nun der östlichen Limesstrecke. Die Bedrohung von Osten her scheint unbedeutend gewesen zu sein, denn das siedlungs- und verkehrsfeindliche Vogelsbergmassiv stellte einen natürlichen Schutz dar. Aus diesem Grund sind die Abstände der Wehrbauten größer. Wanderweg und Limes verlaufen nun parallel durch Feldgemarkung, vorbei an Echzell mit einem ehemaligen Kastell, über die Nidda bei Staden bis nach Altenstadt zu einem ehemals bedeutenden Kastell. Umfangreiche Grabungen aus jüngster Zeit haben die Bauphasen geklärt.

Altenstadt–Marköbel
Südöstlich von Altenstadt überqueren Wanderweg und Limes die Nidder. Etwa 1,2 km weiter wird der Grenzwall sichtbar. Er ist hier zu einem breiten, flachen Wall verschleift worden. Westlich von Rommelshausen führen beide Strecken durch den Forst Windecken zur Drususeiche, die auf dem Limeswall steht. Nach dem Austritt aus dem Wald muß der Wanderweg den Limes wegen mangelnder Begehbarkeit bis nach Marköbel wieder verlassen. In Marköbel stand ein Kohortenkastell.

Kloster Arnsburg bei Lich: Blick in das Langschiff der Kirchenruine

Marköbel – Groß-Krotzenburg am Main

Bis auf geringe Abweichungen ist die Limesstrecke von Marköbel bis zum Main geradlinig gezogen worden. Infolge umfangreicher Straßenbaumaßnahmen (Autobahnen und Zubringerstrecken) und Ortserweiterungen im Kinzigtal kann der ausgewiesene Wanderweg dem Verlauf des Limes nur noch über geringe Streckenabschnitte folgen. Die Wanderer sind hier in besonderem Maße auf Wanderkarten angewiesen. Das Steinkastell Groß-Krotzenburg stellte einen Brückenkopf am Main dar, der nun weiter die natürliche Grenze bildete.

(14) Von **Gelnhausen** im Kinzigtal zum **Hohen Vogelsberg** (rd. 50 km)

Markierung: grünes Kreuz +

Wanderkarten: 1. Blatt L 5720 Gelnhausen 1:50000
2. Hoher Vogelsberg–Naturparkausgabe 1:50000

Wanderstrecke: **Gelnhausen** – 8 km – Hain-Gründau – 7 – Büdingen – 11 – Gelnhaar – 3 – Hirzenhain – 7 – Gedern – 6 – Burkhards – 5 – Bilstein – 3 – **Hoherodskopf = 50 km**

Unsere Wanderung beginnt in **Gelnhausen** am Obermarkt. Wir wandern bergauf durch die Holzgasse, durch das innere und äußere Holztor zum Bergschlößchen. Von hier bietet sich uns ein weiter Blick über die Stadt und das Kinzigtal. Nun erreichen wir den Büdinger Wald und wandern am Schulfestplatz vorbei zu einer Schutzhütte. An der Wegegabel trennen sich mehrere Wanderwege, und wir wandern in westlicher Richtung weiter. Nach etwa 1 km zweigt unser Wanderweg grünes Kreuz in nördlicher Richtung ab, und wir folgen ihm durch das Gettenbachtal bis zum Gründautal nach Hain-Gründau. Von hier wandern wir am Reffenkopf vorbei, überqueren die Reffenstraße und erreichen schließlich den Thiergarten-Weiher. Büdingen, die mittelalterliche Stadt im Seemenbachtal, liegt nun vor uns. Vom Untertor führt der Weg über den Pfaffenwald (herrliche Aussicht), vorbei am Sandhof, am Christinenhof, durch Gelnhaar nach **Hirzenhain**, unserem Tagesziel. 29 km haben wir zurückgelegt.

In **Hirzenhain** nehmen wir die Markierung wieder auf und folgen ihr im Tal bis nach Merkenfritz. Von hier führt der Wanderweg durch Wald, am Schweinsgrabenweiher vorbei zur Landstraße Gedern–Wenings. Wir genießen die Aussicht über Gedern bis hin zum Hohen Vogelsberg mit den Sendetürmen auf dem Hoherodskopf. Von Gedern aus wandern wir zum Gederner See. Am östlichen Ufer zweigt unsere Markierung ab. Wir folgen ihr über einen Höhenrücken, bis wir im Niddertal das Dörfchen Burkhards erreichen. Von hier müssen wir nun weiter Höhe gewinnen. Wir wandern durch den Oberwald, am Fuße des Bilstein und am Segelflugplatz vorbei bis zur Talstation des Skiliftes. Wir steigen den Skihang hinauf und haben nun nach einer Tagesstrecke von 21 km den **Hoherodskopf** erreicht.

Hinweise, Sehenswürdigkeiten

Gelnhausen: 5 Stadtteile, rd. 18500 Einw. im Main-Kinzigkreis. Obwohl Gelnhausen durch die Gebietsreform seine politische Mittelpunktfunktion an Hanau verloren hat, ist die hervorragende Bedeutung als wirtschaftliches und kulturelles Zentrum im mittleren Kinzigtal zwischen Vogelsberg und Spessart geblieben. Die Stadt besitzt eine gute Infrastruktur in verkehrsgünstiger Lage. Gelnhausen lag/liegt entlang der alten »Reichsstraße«, die Frankfurt/M. mit Leipzig verband, und an der einst schiffbaren Kinzig. Ihren mittelalterlichen Aufschwung verdankt die Stadt dem Stauferkaiser Friedrich I. (Barbarossa), der in der Zeit zwischen 1170 und 1190 die heute noch teilweise als Ruine erhaltene Kaiserpfalz als Wasserburg errichten ließ. Zugleich gründete Barbarossa auf alten Siedlungskernen die Freie Reichsstadt. Sehenswert sind die vielen historisch wertvollen Gebäude um zwei Marktplätze, insbes. die kunstgeschichtlich interessante Marienkirche (1170–1250) mit ihren Türmen. Johann Jakob Chr. von Grimmelshausen und Philipp Reis sind die großen Söhne der Stadt.

Weiteres siehe Literaturverzeichnis.

Reffenstraße: siehe Wanderung (11) **Büdingen** (10).

Gelnhaar, der Stadtteil von Ortenberg wurde im Jahr 1187 erstmals urkundlich erwähnt. Die Geschichte des Gemeinwesens ist mit der der Stadt Wenings verbunden.

Gelnhaar (rd. 1000 Einw.) ist eine Wohnsitzgemeinde. Die Berufstätigen pendeln u. a. nach Hirzenhain, Büdingen und sogar nach Frankfurt/M. Zur Vorbereitung der 800-Jahr-Feier (1987) entwickelten die Bürger viel Eigeninitiative, um das Ortsbild zu verschönern.

Hirzenhain: Gemeinde mit 2 Ortsteilen und rd. 3000 Einw. ist anerkannter Erholungsort im Niddertal. 1330 erstmals urkundlich erwähnt, ehem. Augustiner-Kloster, Klosterkirche (spätgotische Hallenkirche) mit Sandsteinlettner, Buderus'sche Eisenwerke mit Eisenkunstguß (Kunstgußmuseum).

Merkenfritz: Ortsteil der Gemeinde Hirzenhain im Wetteraukreis.

Gedern und **Gederner See**: siehe Wanderung (5).

Bilstein (666 m): (2) **Hoherodskopf** (764 m): (3).

(15) Von **Wächtersbach** im Kinzigtal nach **Homberg** an der Ohm (rd. 84 km)

Markierung: blaues Band ▬

Wanderkarten: 1. Blatt L 5720 Gelnhausen 1:50000
2. Hoher Vogelsberg – Naturparkausgabe 1:50000
3. Blatt L 5318 Amöneburg 1:50000

Wanderstrecke: **Wächtersbach** –5 km – Wittgenborn – 13 – Büdingen – 11 – Bergheim – 4 – Eckartsborn – 4 – Eschberg – 5 – Nidda – 6 – Ulfa – 10 – Laubach – 8 – Grünberg – 3 – Stangenrod – 3 – Atzenhain – 7 – Schadenbach – 5 – **Homberg/Ohm = 84 km**

Am Schloßpark in **Wächtersbach** machen wir uns auf den Weg und wandern am Teufelsgraben entlang bis an den Südrand des Dorfes Wittgenborn. Von hier folgen wir etwa 600 m der Landstraße, biegen dann zum Köhlersberg ab und wandern zur Weiher-Mühle. Durch den Büdinger Wald und ein Stück der Reffenstraße entlang erreichen wir **Büdingen**, unser Tagesziel. 18 km haben wir zurückgelegt.

Wir verlassen **Büdingen** am Untertor und wandern am Sandhof und am Christinenhof vorbei bis zum Wolfsbach. Nachdem wir ihn überquert haben, trennen sich 2 Wanderwege, und wir wandern mit unserer Markierung nach Bergheim im Bleichetal. Weiter durch das Niddertal, durch Eckartsborn (schöne Aussicht vom Oberdorf) und Wallernhausen erreichen wir unser Tagesziel **Nidda** im Niddatal. 24 km liegen hinter uns.

Von **Nidda** wandern wir der Bismarckstraße entlang bis nach Kohden. Am Ortsausgang treffen wir auf unsere Markierung. Vorbei an der Haubenmühle erreichen wir Ulfa und verlassen das Dorf in nördlicher Richtung. Durch den Staatsforst und das Horlofftal kommen wir nach Laubach im Tal der Wetter. Am Sportzentrum vorbei, durch den Staatsforst »Einfürste« führt die Wanderung in das Lautertal. Durch den Stadtwald erreichen wir die Sportschule und schließlich **Grünberg**, das Ziel des 3. Wandertages. Wir haben erneut 24 km zurückgelegt.

In **Grünberg** nehmen wir unsere Markierung wieder auf und wandern am Bahnhof vorbei. Durch vorwiegend freie Feldflur erreichen wir Stangenrod, Atzenhain, Schadenbach und schließlich unser Ziel, das Städtchen **Homberg** an der Ohm. 18 km waren zu bewältigen.

Hinweise, Sehenswürdigkeiten

Unsere Wanderung über die südlichen, westlichen und nördlichen Ausläufer des Vogelsberges setzt vorwiegend geographische und geologische Schwerpunkte. Wir können erkennen, daß das rinnende Wasser das Gebirge in viele radiär gerichtete Bergrücken gegliedert hat. Neben vielen kleineren Bachtälern durchschreiten wir auf unserer Wanderung vom Kinzigtal aus die Täler des Seemenbaches, der Nidder, der Nidda, der Horloff und der Wetter, bis wir in Homberg die Ohm erreichen. Wir treffen Buntsandstein und den durch vulkanische Tätigkeit entstandenen Basalt an.

Erdgeschichtliche Entwicklung sieht Teil I.

Folgende Hinweise wurden bereits gegeben:

Wächtersbach (1), **Reffenstraße** (11), **Büdingen** (10), **Nidda** (3), **Laubach** (4).

Grünberg: 13 Stadtteile, rd. 11700 Einw., die Stadt auf dem grünen Berg im Landkreis Gießen. Landgraf Ludwig III. von Thüringen errichtete eine Burg (1186) zur Sicherung seiner Grenzen gegenüber dem Erzstift Mainz und zum Schutz der alten Handelsstraße »Durch die Kurzen Hessen«. Bereits 1195 wurde die Anlage durch Mainzer Truppen zerstört. Nach schnellem Wiederaufbau setzte eine lebhafte Entwicklung ein, und 1222 wird Grünberg urkundl. als Stadt mit Stadtsiegel erwähnt. Nach dem hess.-thür. Erbstreit wird Grünberg zentraler Stützpunkt der Landgrafen von Hessen.

Ein Rundgang durch die heute hervorragend restaurierte Stadt führt zu vielen baugeschichtlichen Zeugen der Vergangenheit. Mittelpunkt ist der Marktplatz mit dem Rathaus (1586/87). Das Verkehrsamt ist bei der Vorbereitung von Exkursionen behilflich.

Homberg: 13 Stadtteile, rd. 7500 Einw., Erholungsort im Vogelsbergkreis. Industriebetriebe am Rand der Kernstadt, und Handel und Gewerbe sichern die Existenz der Einwohner. Die Stadtteile sind vorwiegend landwirtschaftlich orientiert. Homberg liegt auf einem Basaltkegel und wird von dem Schloßberg mit guter Fernsicht überragt. Die ehem. Wehrhaftigkeit der Stadt ist noch an vielen Bauteilen erkennbar. Das Rathaus (1539) und viele restaurierte Fachwerkhäuser geben Zeugnis von der Bedeutung der Stadt im Mittelalter.

(16) Von **Blankenau** im Lüdertal nach **Glauburg-Stockheim** in der Wetterau (rd. 50 km)

Markierung: rotes Dreieck △

Wanderkarte: Hoher Vogelsberg–Naturparkausgabe 1:50000

Wanderstrecke: **Blankenau** – 2 km – Steigertal – 6 – Nösberts – 5 – Grebenhain – 5 – Herchenhain – 3 – Alte Burg – 7 – Gederner See – 5 – Glashütten – 3 – Hillersbach-Stausee – 5 – Eckartsborn – 4 – Bieberberg – 5 – **Glauburg-Stockheim = 50 km**

Der Wanderweg folgt einer alten Handelsstraße, die von Fulda in die Wetterau führte. In historischen Karten wird häufig die rechte Nidderstraße erwähnt.

Die alten Handelsstraßen, die meistens über Höhenrücken führten, sind Wege, die auch heute noch an bestimmten Punkten in ihrer Trassierung erkennbar sind. Ihre Spuren finden sich als Urbestand heutiger Feld- und Waldwege, und sie dienten oft dem neuzeitlichen Straßenbau als Richtungsweiser.

Wir beginnen unsere Wanderung in **Blankenau**, das auch von dem Europäischen Fernwanderweg Nr. 3 erreicht wird (siehe Wanderung (2)), und verlassen das Dorf in südwestlicher Richtung. Nun wandern wir am westlichen Hang des Lüdertales entlang in das tief eingeschnittene Steigertal, eines der schönsten und romantischsten Tälchen im Vogelsberg. Unser Weg führt weiter durch Steinfurt, Nösberts, Vaitshain nach Grebenhain. Vorbei an der Oberwaldschule, der Ahlmühle, der Oberwaldklinik erreichen wir den Oberwald und danach **Herchenhain** am Fuß der Herchenhainer Höhe. Unsere Tagesetappe betrug 18 km.

Zusammen mit der Markierung gelbes Kreuz führt uns unsere Markierung rotes Dreieck aus **Herchenhain** in südwestlicher Richtung weiter über die Alte Burg (617 m) bis zu einer Schutzhütte am Waldrand. Hier trennen sich die Wege, und wir folgen unserer Markierung bis zum Campingplatz Gederner See. Am Spießweiher vorbei erreichen wir Glashütten und nach 3 km den Hillersbach-Stausee. Auf der Höhe rechts der Nidder wandern wir durch Eckartsborn, über den Bieberberg (258 m), an Effolderbach vorbei zu unserem Ziel **Glauburg-Stockheim**. Am 2. Wandertag waren 32 km zurückzulegen.

Hinweise, Sehenswürdigkeiten

Blankenau: siehe Wanderung (2).

Steinfurt: Stadtteil der Stadt Herbstein im Vogelsbergkreis.

Nösberts und **Vaitshain**: Ortsteile der Gemeinde Grebenhain.

Grebenhain: siehe Wanderung (6).

Herchenhain: siehe Wanderung (4).

Gederner See: siehe Wanderung (5).

Glashütten: Ortsteil der Gemeinde Hirzenhain.

Hillersbach-Stausee: Stausee mit angrenzender Kurklinik.

Eckartsborn und **Effolderbach**: Stadtteile von Ortenberg.

Glauburg: Großgemeinde mit rd. 3000 Einw. und den Ortsteilen Glauberg und **Stockheim** am Fuße des historischen Glauberges. Beide Ortsteile waren ehemals landwirtschaftlich geprägt; heute existieren nur noch wenige Vollerwerbsbetriebe. Die Kommune entwickelte sich zu einer Arbeitnehmerwohnsitzgemeinde. Der überwiegende Teil der Erwerbstätigen pendelt zu Arbeitsplätzen im Rhein-Main-Gebiet. Durch seine verkehrsgünstige Lage im Kreuzungspunkt der Bundesbahnstrecken Gießen–Gelnhausen und Bad-Vilbel–Stockheim genießt Glauburg eine Mittelpunktfunktion.

Glauberg: Der historische Glauberg (276 m), der sich südöstlich der beiden Ortsteile erhebt, bietet einen guten Rundblick über die südliche Wetterau zum Ronneburger Hügelland und zum Vogelsberg. Diese markante Erhebung weist eine lange Reihe von Siedlungszeugnissen seit dem Neolithikum auf. Die Besiedlung reicht von der Rössener Zeit, der Michelsberger- und Urnenfelderkultur über die Späthallstatt-, Spätlatène- und die späte römische Kaiserzeit bis zur merowingischen, fränkischen und staufischen Epoche. Alle Siedlungsphasen sind durch Funde, Ausgrabungen und Mauerreste belegt und durch die beschrifteten Tafeln des »frühgeschichtlichen Lehrpfades« an den jeweiligen Stellen beschrieben.

(17) Von **Schlitz** über **Lauterbach** zum **Hoherodskopf** (rd. 47 km)

Markierung: blaues Kreuz ✚

Wanderkarten: 1. Blatt L 5322 Lauterbach 1:50000
2. Hoher Vogelsberg–Naturparkausgabe 1:50000

Wanderstrecke: **Schlitz** – 5 km – Sängersberg – 4 – Bad Salzschlirf – 9 – Hainig – 3 – Lauterbach – 5 – Schloß Eisenbach – 3 – Auhof – 3 – Schalksbachteiche – 8 – Jagdhütte Annettenborn – 3 – Landgrafenborn – 4 – **Hoherodskopf = 47 km**

In **Schlitz** (240 m) treffen wir im Mühlenweg auf die Markierung blaues Kreuz und verlassen mit ihr die Stadt in südlicher Richtung. Am Forsthaus Willina genießen wir die herrliche Aussicht in das »Schlitzer Land« und auf die Burgenstadt, bevor wir in den Wald eintreten. Über den Sängersberg (494 m), vorbei an einem Basaltfelsen (500 m westlich des Wanderweges mit guter Aussicht) nähern wir uns Bad Salzschlirf (250 m). An der Mariengrotte verlassen wir den Wald und haben dann den Badeort zu Füßen. Wir folgen der Markierung, wandern im Ort über die Brücke des Altefeldbaches und steigen westlich von Bad Salzschlirf zum Söderberg (360 m) hinauf. Abwärts führt uns die Markierung nach Landenhausen. Durch ein ausgedehntes Waldgebiet wandern wir zum Hainig (417 m), und nach einer Besteigung des Hainigturmes sehen wir das Tagesziel **Lauterbach**, die Kreisstadt des Vogelsbergkreises, die von hier leicht zu erreichen ist. 21 km liegen an diesem Tag hinter uns.

An der Eichbergschule in **Lauterbach** beginnt der 2. Wandertag, und wir verlassen die Stadt auf dem Waldpfad. Die Wanderung führt entlang der Lauter und dem Eisenbach zum Schloß Eisenbach in landschaftlich reizvoller Lage. Durch eine Allee wandern wir weiter zum Auhof, von dort durch den Lohwald, überqueren die Kreisstraße und treffen auf die Schalksbachteiche. Nach Wanderung durch freie Feldflur nimmt uns schließlich der Oberwald auf. Die Markierung führt uns am Annettenborn und am Goldborn vorbei zum Höhenrundweg, der mit einem grünen H gekennzeichnet ist (siehe Wanderung (22)). Ihm folgen wir und wandern am Landgrafenborn, an der Niddaquelle, am Hochmoor und an den Forellenteichen vorbei zum **Hoherodskopf** (764 m). Nach einer Tagesstrecke von 26 km finden wir Aufnahme im Berggasthof mit Hotel, dem Clubhaus des VHC.

Hinweise, Sehenswürdigkeiten

Schlitz: 16 Stadtteile, rd. 9600 Einw. ist Mittelpunkt und Hauptort des »Schlitzer Landes«, das nördlich von Bad Salzschlirf beginnt und ehemals ein selbständiges, reichsunmittelbares Territorium unter der Herrschaft der Grafen von Schlitz war. Ihren Namen erhielt die Stadt von dem Flußlauf, an dem sie liegt. Die Burgenstadt, auf einem Berghügel gelegen, hat ihr mittelalterliches Stadtbild bewahrt. Von den 4 Burgen des Burgenringes sind nur 2 als Burgen anzusprechen und zwar die Vorderburg und die Hinterburg mit dem Bergfried. Die beiden anderen sind später auf dem Mauerring aufgesetzte herrschaftliche Wohnbauten. Die Stadtkirche wurde bereits 812 als Basilika geweiht.

Bad Salzschlirf: Heilbad mit modernen Kureinrichtungen (Solebewegungsbad) liegt am Zusammenfluß der Lauter und des Altefeldbaches zur Schlitz. Der Badeort mit rd. 1500 Einw. wird wirtschaftlich mit rd. 500000 Übernachtungen pro Jahr vom Fremdenverkehr geprägt.

Landenhausen: Ortsteil der Gemeinde Wartenberg im Vogelsbergkreis.

Hainig: 417 m hohe bewaldete Bergkuppe etwa 3 km von Lauterbach entfernt. Urwüchsige Eichen auf dem Plateau gelten heute als zurückgebliebene Zeugen einer altgermanischen Thingstätte. Vom Hainigturm aus bietet sich ein weiter Rundblick über die Landschaft des Vogelsberges bis hin zur Rhön. 1882 errichtete der VHC-Zweigverein Lauterbach auf der Kuppe einen hölzernen Aussichtsturm, der bereits 1900 wegen Baufälligkeit wieder abgerissen werden mußte. Den heutigen Steinturm baute der VHC Lauterbach im Jahr 1907 an gleicher Stelle.

Lauterbach: siehe Wanderung ⑱.

Schloß Eisenbach: Stammsitz der Freiherren Riedesel zu Eisenbach. Das von einem Naturpark umgebene Schloß, über dem Eisenbach gelegen, bildet einen aus mehreren Gebäuden bestehenden Gesamtkomplex. Es entstand auf den Fundamenten einer 1217 erstmals erwähnten Burg. Vom 15. Jahrh. an wurde die Anlage ständig umgebaut und erweitert. Park, Vorburg (16. Jahrh.) und Schloßkirche (17. Jahrh.) sind zu besichtigen. Renaissancegiebel schmücken den Bau.

(18) Von **Alsfeld** über **Schloß Herzberg** nach **Lauterbach** (rd. 35 km)

Markierung: blaues Band **–**

Wanderkarten: 1. Blatt L 5320 Alsfeld 1:50000
2. Blatt L 5322 Lauterbach 1:50000

Wanderstrecke: **Alsfeld** (Fulder Tor) – 6 km – Eifa – 7 – Bieben – 2 – Schloß Herzberg – 4 – Grebenau – 13 – (Knotenweg) Kugelberg – 3 – **Lauterbach = 35 km**

Die gesamte Wanderstrecke von Alsfeld nach Lauterbach ist ein Teilstück des Hessenweges Nr. 11, der von Bad Karlshafen nach Hanau am Main führt und auch Brüder-Grimm-Weg genannt wird.

Die Wanderung beginnt in **Alsfeld** an der Schwalmbrücke am Fulder Tor und führt zunächst der Fahrstraße entlang zur Ziegelhütte. Dort wendet sich der Wanderweg in nordöstlicher Richtung, quert die B 62 und führt durch das Waldgebiet der Steinfirst nach Eifa. Durch den Ort und anschließend rd. 1 km der B 62 entlang wandern wir weiter durch ein Waldstück und durch freie Feldflur südlich von Lingelbach nach Bieben. Nun steigen wir durch die von Dörnberg'schen Waldungen stetig zum Schloß Herzberg hinauf. Nach einer Besichtigung wandern wir wieder abwärts in südlicher Richtung durch die bereits genannte Waldung in das »Gründchen« (geographischer Name des Talbeckens), in das Tal der Schwarza und der Jossa nach **Grebenau**, unserem Tagesziel, das wir nach einer Tagesetappe von 19 km erreichen.

Grebenau verlassen wir in südöstlicher Richtung, wandern am Sportplatz vorbei und zunächst dem Waldrand entlang, bis wir in den Wald eintreten. Wir erreichen die Bormutseiche und nach etwa 6 km südlich von Udenhausen wieder das Tal der Jossa. Weiter führt die Wanderung durch ein ausgedehntes Waldgebiet, durch das sogenannte Junkerland, dem Stammland der Freiherren Riedesel zu Eisenbach, hinauf zum Kugelberg (416 m). Nach 3 km erreichen wir **Lauterbach**, die Kreisstadt des Vogelsbergkreises, das Ziel unserer Wanderung. Am 2. Wandertag haben wir 16 km zurückgelegt. Danach bleibt sicherlich noch Zeit, die schmucke Fachwerkstadt an der Lauter, die umfangreiche Fremdenverkehrseinrichtungen und eine gute Gastronomie anbietet, zu besichtigen.

Hinweise, Sehenswürdigkeiten

Alsfeld: siehe Wanderung (10).

Eifa: Stadtteil von Alsfeld im Vogelsbergkreis.

Bieben: Stadtteil von Grebenau im Vogelsbergkreis.

Schloß Herzberg: Auf einem Basaltkegel (505 m), einem Ausläufer des Knüllgebirges gelegen, wurde 1298 erstmals urkundlich als Burg erwähnt. Seit 1477 im Besitz der Herren von Dörnberg. In den folgenden Jahren erfolgten bauliche Veränderungen, die noch heute für das Gesamtbild bestimmend sind: Vier gedrungene Ecktürme, neben dem Eingang der Gerichtsturm (1536 und 1563), Kapelle von 1350 bis 1370, Umgestaltung zum heutigen Saalcharakter (1661), Emporenausbau (1743).

Grebenau: 6 Stadtteile, rd. 3100 Einw. im Vogelsbergkreis wurde 1073 erstmals unter dem Namen »Capella« erwähnt. Die Ansiedlung liegt an der ehem. Heer- und Handelsstraße »Durch die Kurzen Hessen«. Stadtkirche über gestrecktem achteckigem Grundriß aus dem Jahr 1740.

Lauterbach: 12 Stadtteile, rd. 15000 Einw., Kreisstadt des Vogelsbergkreises, ist staatlich anerkannter Luftkurort mit einer Höhenlage von 296 bis 417 m. 812 wurde Lauterbach bereits mit einer der ältesten Kirchen genannt. Der Ort an der Lauter erhielt 1265 Stadtrechte. Im gleichen Jahr wurde die ehemals fuldaische Burg gebaut. Von ihr sind nur noch Mauerreste erhalten. Die heutigen Gebäude stammen aus dem letzten Viertel des 17. Jahrh. Seit 1456 gehört Lauterbach zum Einflußbereich der Freiherren Riedesel. Das ehem. Schloß Hohhaus, heute Museum mit heimatkundlicher Sammlung, wurde von Veit Koch 1769–1773 für Friedrich Georg Riedesel erbaut. 1764–1767 Bau der Stadtkirche, reiche Außen- und Innenarchitektur kennzeichnen das Gotteshaus.

Auf Schritt und Tritt, aus jedem der vielen Bauwerke werden Tradition und Geschichte spürbar. Das hervorragend restaurierte Stadtbild mit blumengeschmückten Fachwerkhäusern lädt zum Verweilen ein. Bedeutende Industrieunternehmen im äußeren Bereich machen sich nicht störend bemerkbar. Lauterbach verfügt über eine gute Wirtschaftsstruktur. Der Fremdenverkehr hat sich ebenfalls stetig weiter entwickelt.

(19) Von Jugendherberge zu Jugendherberge, eine 6-Tage-Tour durch den Vogelsberg von **Gießen** nach **Fulda** (rd. 121 km)

Dieser Wandervorschlag zeigt, wie Wanderer nach eigenen Vorstellungen ihre Wanderstrecken selbständig zusammenstellen können, indem sie von einer markierten Wanderstrecke auf eine andere überwechseln.
Für Übernachtungen in Jugendherbergen ist ein gültiger DJH-Ausweis erforderlich, der für jedes Alter in den örtlichen Ausgabestellen erhältlich ist.

Wanderkarten:
1. Blatt L 5518 Gießen 1:50000
2. Hoher Vogelsberg–Naturparkausgabe 1:50000
3. Blatt L 5322 Lauterbach 1:50000
4. Blatt L 5522 Herbstein 1:50000
5. Blatt L 5524 Fulda 1:50000

Markierung und **Wanderstrecke**:

1. Tag: gelbes Band von **Gießen** bis **Laubach** **—**
Gießen – 6 km – Annerod – 6 – Albach – 12 – Münster – 7 – Laubach = 31 km
Beschreibung der Wanderstrecke siehe Wanderung (1).

2. Tag: gelber Ring von **Laubach** bis **Schotten** **O**
Laubach – 5 km – Gonterskirchen – 6 – Falltorhaus – 3 – Schotten = 14 km
Beschreibung der Wanderstrecke siehe Wanderung (4).

3. Tag: blaues Andreaskreuz von **Schotten** bis zum **Hoherodskopf** **×**
Schotten – 8 km – Bilstein – 3 – Hoherodskopf = 11 km
Beschreibung der Wanderstrecke siehe Wanderung (2).

4. Tag: blaues Kreuz vom **Hoherodskopf** bis **Lauterbach** **+**
Hoherodskopf – 4 km – Landgrafenborn (auf dem mit einem grünen H gekennzeicheten Höhenrundweg) – 3 – Jagdhütte Annettenborn – 8 – Schalksbachteiche – 3 – Auhof – 3 – Schloß Eisenbach – 5 – Lauterbach = 26 km

Unterhalb des Berggasthofes Hoherodskopf führt unsere Markierung blaues Kreuz zusammen mit der Markierung grünes H (Höhenrundweg) am Waldrand entlang zur Taufsteinhütte, und über der Jugendherberge zweigen wir in den Oberwald ab. Der Rundweg führt an den Forellenteichen, am Hochmoor und an der Niddaquelle vorbei zum Landgrafenborn. Nach etwa 200 m verlassen

wir an der Goldwiese den Rundwanderweg und folgen unserer Markierung blaues Kreuz. Sie führt uns am Annettenborn vorbei, und hinter dem Köppel verlassen wir den Oberwald. Wir wandern vorwiegend durch freie Feldflur bis nach Lauterbach.
Der Wanderweg ist von Lauterbach zum Hoherodskopf unter (17) beschrieben.

5. Tag: blaues Kreuz von **Lauterbach** bis **Schlitz +**
Lauterbach – 3 km – Hainig – 9 – Bad Salzschlirf – 4 – Sängersberg – 5 – Schlitz = 21 km

Von der Innenstadt Lauterbachs wandern wir mit der Markierung der Hainigstraße entlang und steigen zum Hainig hinauf (17). Durch den ausgedehnten Stadtwald führt der Weg weiter in das Erlental nach Landenhausen. Von hier wandern wir über Feldwege in ein kleines Waldgebiet und steigen zum Söderberg hinauf. Nun liegt Bad Salzschlirf (17) vor uns. Aus dem Tal, in dem sich die Bäche Lauter und Altefeld zum Schlitz-Flüßchen vereinigen, führt uns die Markierung blaues Kreuz zur Mariengrotte (26) hinauf. Durch ein ausgedehntes Waldgebiet steigen wir weiter bis in die Nähe eines Basaltfelsens, der etwa 500 m westl. des Wanderweges liegt. Ein Abstecher lohnt sich wegen der Aussicht (26). Unsere Markierung führt uns nun über den Sängersberg, an der Engelskuppe vorbei zum Forsthaus Willina. Hier verlassen wir den Wald, und unser Blick wird frei auf die Burgenstadt Schlitz (17). Sie ist nun nicht mehr zu verfehlen.

6. Tag: schwarzes liegendes Dreieck von **Schlitz** bis **Fulda ◀**
Schlitz – 5 km – Pfordt – 9 – Kämmerzell – 4 – Fulda = 18 km

Schlitz verlassen wir in östlicher Richtung, durchqueren das Tal der Schlitz und steigen zum Tempelberg hinauf. Wir wandern weiter durch Wald und genießen beim Austritt die Aussicht über Pfordt im Fuldatal. Wir durchschreiten den Ort und das Tal und erreichen ein ausgedehntes Waldgebiet und die »Alte Straße«. Ihr folgen wir bis nach Kämmerzell an der Fulda und erreichen nach weiteren 4 km in südöstlicher Richtung die Stadt Fulda im Stadtteil Niesig.

(20) Über Höhen und durch Täler des westlichen Vogelsberges. Eine 3-Tage-Tour von **Grünberg** nach **Büdingen** (rd. 56 km)

Dieser Wandervorschlag zeigt, wie Wanderer nach eigenen Vorstellungen ihre Wanderstrecken selbständig zusammenstellen können, indem sie von einer markierten Wanderstrecke auf eine andere überwechseln.

Wanderkarten: 1. Hoher Vogelsberg – Naturparkausgabe 1:50000
2. Blatt L 5720 Gelnhausen 1:50000

Markierung und **Wanderstrecke**:

1. Tag: blaues Band: **Grünberg – Laubach ▬** = 8 km
gelber Ring: **Laubach** – 5 km – Gonterskirchen – 6 – Falltorhaus – 3 – **Schotten –** = 14 km
22 km

Von der Stadtkirche **Grünbergs** (15) aus wandern wir hinunter in das Brunnental. Kurz vor den Teichen verlassen wir es, erreichen die Sportschule und gelangen dann in den Grünberger Stadtwald. Wir kreuzen das Lautertal, steigen durch dichten Buchenwald zur Einfürste (300 m) hinauf und kommen in den Laubacher Staatsforst. Am Tiergärtner Teich treten wir aus dem Wald heraus und kreuzen talabwärts die Laubach, die einst dem vor uns liegenden Städtchen den Namen gab. In leichtem Anstieg durch Mischwald erreichen wir unterhalb der Jugendherberge (DJH) das Sport- und Kulturzentrum mit Freibad und Hallenbad im Luftkurort **Laubach** (4). Wir wandern durch den ausgedehnten Schloßpark am Schwanenteich vorbei zum Schloß. Durch den charakteristischen Torbogen hindurch besuchen wir den Marktplatz und gehen die Obere Langgasse hoch bis zum Café Göbel. Wir erreichen einen kleinen Springbrunnen und wandern den schmalen Pfad hinunter zur »Steinbach«.

Der Wanderweg von hier bis nach Schotten wurde bereits im Wandervorschlag (4) beschrieben. Der Luftkurort **Schotten** (2) ist das Ziel des 1. Wandertages.

2. Tag: grünes Band ▬
Schotten – 4 km – Eschenrod – 7 – Gederner See – 2 – **Gedern = 13 km**

Vom großen Parkplatz im Zentrum der Stadt **Schotten** aus wandern wir mit der Markierung in südöstlicher Richtung und steigen am Sportplatz vorbei den Bockzahl hinauf. Von hier können wir noch einmal die Stadt überblicken. Wir folgen der Markierung, wandern ein kurzes Stück der B 276 entlang, gelangen an ein Sanatorium und zur Abzweigung der Landstraße nach Wingershausen. 300 m folgen wir dieser Landstraße, verlassen sie im Läunsbachtal, steigen südöstlich den Berghang hoch, erreichen wieder die B 276 und das Dörfchen Eschenrod im Tal des Eichelbaches. Unser Wanderweg führt weiter in südlicher Richtung, am Friedhof vorbei über die Warte zum Waidbach, zum Windberg, durch den Staatsforst, über den Hillersbach in das Niddertal. Von hier wandern wir wieder durch Mischwald und erreichen nach etwa 1,5 km den Gederner See (5). Auf dem Seeweg gelangen wir in den Luftkurort **Gedern**, das Ziel des 2. Wandertages (5).

3. Tag: grünes Kreuz ✚
Gedern – 7 km – Hirzenhain – 3 – Gelnhaar – 11 – **Büdingen = 21 km**

An der Kirche in **Gedern** beginnt unsere Wanderung, und wir erreichen in südlicher Richtung die Landstraße nach Wenings. Wir wandern zum Schweinsgrabenweiher, treten in den Wald ein und folgen der Markierung durch Merkenfritz bis nach Hirzenhain (14). Am Forsthaus Luisenlust erreichen wir eine Landstraße und folgen ihr etwa 2 km bis nach Gelnhaar. Hier überschreiten wir den Bleichenbach, wandern westlich am Hohleberg vorbei, dem idyllischen Tal des Bleichenbaches entlang, gelangen in den Staatsforst und verlassen ihn am Wolfsbach kurz vor dem Forsthaus Christinenhof. Hier trifft die Markierung blaues Band auf unseren Weg, und wir folgen nun beiden Markierungen bis zum Ziel unserer 3-Tage-Tour, zur mittelalterlichen Stadt **Büdingen** im Seemenbachtal (10).

(21) Wanderungen auf den Hessenwegen

Die im Herzen Deutschlands gelegenen hessischen Landschaften laden mit ihrer Vielfalt und ihrem Waldreichtum zum Wandern ein.

Hessische Gebirgs- und Wandervereine erleichtern dies durch ein dichtes markiertes Streckennetz, unterstützt durch zahlreiche Wegweiser und durch Schrifttum.

Das bisherige landschaftsgebundene Streckensystem wird durch 11 Hessenwege überlagert, die ganz Hessen als Weitwanderwege durchziehen. Sie verlaufen zumeist auf schon vorhandenen Markierungen, und sie werden durch eine zusätzliche Beschilderung ergänzt. Die Hessenwege führen über eine Strecke von insgesamt 2833 km. Daran ist der VHC mit 417 km beteiligt.

Von den 11 Hessenwegen werden nachfolgend 5 Wege, die durch das Betreuungsgebiet des VHC – durch die Landschaften Wetterau und Vogelsberg – führen, dargestellt. Hierbei werden Vorschläge für einzelne Tagesetappen und für Wanderkarten unterbreitet. Eine Broschüre mit der Beschreibung aller 11 Hessenwege kann angefordert werden von:

Hessische Landeszentrale für Fremdenverkehr
Abraham-Lincoln-Straße 38–42
6200 Wiesbaden Tel. (06121) 774350

Für die Planung von Mehrtageswanderungen bietet der Hessische Reiseführer gute Dienste. Er kann ebenfalls von der Hessischen Landeszentrale für Fremdenverkehr bezogen werden.

Bei den Wanderkarten handelt es sich um die Topographischen Karten 1:50000 mit Wanderwegen, herausgegeben vom Hesssischen Landesvermessungamt, Schaperstraße 9, 6200 Wiesbaden. Die Karten sind über den Fachhandel (Fachbuchhandlungen) zu beziehen.

Auskünfte über Quartiere bzw. Einkehrmöglichkeiten während der mehrtägigen Wanderungen erteilen die Fremdenverkehrsämter der angegebenen Gemeinden, Städte und Landkreise.

HESSENWEG 2: Warburg – Homberg/Ohm – Alsfeld – Gelnhausen – **Hirschhorn am Neckar = 404 km**

Teilstück: Alsfeld–Gelnhausen = 88 km

1. Alsfeld – 5 km – Oberrod – 10 – Groß-Felda – 10 – **Ulrichstein = 25 km**

Markierung: rot-weißes Band
Wanderkarten: 1. Blatt L 5320 Alsfeld
2. Hoher Vogelsberg–Naturparkausgabe

2. Ulrichstein – 6 km – Feldkrücker Höhe – 7 – Hoherodskopf – 3 – Bilstein – 5 – Burkhards – 6 – **Gedern = 27 km**
Markierung: rot-weißes Band bis Hoherodskopf
grünes Kreuz bis Gedern
Wanderkarte: Hoher Vogelsberg–Naturparkausgabe

3. Gedern – 7 km – Hirzenhain – 3 – Gelnhaar – 11 – **Büdingen = 21 km**
Markierung: grünes Kreuz
Wanderkarten: 1. Hoher Vogelsberg–Naturparkausgabe
2. Blatt L 5720 Gelnhausen

4. Büdingen – 7 km – Hain-Gründau – 8 – **Gelnhausen = 15 km**
Markierung: grünes Kreuz
Wanderkarte: Blatt L 5720 Gelnhausen

HESSENWEG 4: Marsberg – Waldeck – Marburg – Bad Nauheim – **Neckarsteinach = 395 km**

Teilstück: Grünberg–Bad Nauheim = 41 km

1. Grünberg – 7 km – Ettingshausen – 10 – **Lich = 17 km**
Markierung: weißer Punkt
Wanderkarte: Blatt L 5518 Gießen

2. Lich – 4 km – Kloster Arnsburg – 6 – Münzenberg – 9 – Steinfurth – 5 – **Bad Nauheim = 24 km**
Markierung: blauer Ring
Wanderkarten: 1. Blatt L 5518 Gießen
2. Blatt L 5718 Friedberg

HESSENWEG 5: Dillenburg – Gladenbach – Gießen – Hoherodskopf – **Bad Brückenau = 187 km**

Teilstück: Gießen–Schlüchtern = 90 km

1. Gießen – 6 km – Annerod – 6 – Albach – 12 – Münster – 7 – **Laubach = 31 km**
Markierung: gelbes Band
Wanderkarte: Blatt L 5518 Gießen

2. Laubach – 10 km – Oberseener Hof – 7 – Rudingshain – 5 – Hoherodskopf – 6 – Burg – 4 – **Grebenhain = 32 km**
Markierung: gelbes Band bis Hoherodskopf
roter Ring bis Grebenhain
Wanderkarte: Hoher Vogelsberg–Naturparkausgabe

3. Grebenhain – 5 km – Nieder-Moos – 2 – Gunzenau – 5 – Reinhards – 4 – Hintersteinau – 4 – Wallroth – 7 – **Schlüchtern = 27 km**
Markierung: roter Ring
Wanderkarten: 1. Hoher Vogelsberg–Naturparkausgabe
2. Blatt L 5722 Schlüchtern

HESSENWEG 9: Limburg – Bad Homburg – Friedberg – Gelnhausen – **Lohr am Main = 183 km**

Teilstück: Friedberg–Gelnhausen = 48 km

1. Friedberg – 4 km – Ossenheim – 7 – Sternbacher Kirche – 6 – Kloster Engelthal – 3 – Altenstadt – 8 – **Langen-Bergheim = 28 km**
Markierung: grünes Andreaskreuz
Wanderkarte: Blatt L 5718 Friedberg

2. Langen-Bergheim – 6 km – Ronneburg – 5 – Mittel-Gründau – 2 – Hain-Gründau – 7 – **Gelnhausen = 20 km**
Markierung: grünes Andreaskreuz
Wanderkarte: Blatt L 5720 Gelnhausen

HESSENWEG 11: Brüder-Grimm-Wanderweg
Hanau – Felsberg
Kassel – Sababurg | Meißner – Bramwald
Bad Karlshafen
423 km | 497 km

Teilstück: Gelnhausen–Alsfeld = 150 km

1. Gelnhausen – 9 km – Vier Fichten – 6 – Wächtersbach – 8 – **Bad Soden-Salmünster = 23 km**
Markierung: weißes Kreuz bis Wächtersbach
roter Winkel bis Bad Soden-Salmünster
Wanderkarten: 1. Blatt L 5720 Gelnhausen
2. Blatt L 5722 Schlüchtern

2. Bad Soden-Salmünster – 8 km – Steinau – 7 – Teufelshöhle – 2 – Schafsteg – 2 – Ohlkopf – 2 – Acisbrunnen – 2 – **Schlüchtern = 23 km**
Markierung: blaue 13 bis Steinau
blauer Punkt bis Schlüchtern
Wanderkarte: Blatt L 5722 Schlüchtern

3. Schlüchtern – 7 km – Wallroth – 4 – Hintersteinau – 4 – Reinhards – 5 – Gunzenau – 2 – **Nieder-Moos = 22 km**
Markierung: roter Ring
Wanderkarten: 1. Blatt L 5722 Schlüchtern
2. Hoher Vogelsberg–Naturparkausgabe

4. Nieder-Moos – 5 km – Grebenhain – 4 – Burg – 3 – Ilbeshausen – 1 – Hochwaldhausen – 5 – Schwarzer Fluß – 3 – **Hoherodskopf = 21 km**
Markierung: roter Ring bis Burg
weißer Ring bis Hochwaldhausen
rotes Kreuz bis Hoherodskopf
Wanderkarte: Hoher Vogelsberg–Naturparkausgabe

5. Hoherodskopf – 8 km – Lanzenhain – 5 – Herbstein – 2 – Schalksbachteiche – 3 – Auhof – 3 – Schloß Eisenbach – 5 – **Lauterbach = 26 km**
Markierung: blaues Andreaskreuz bis Herbstein
weißes Kreuz bis Lauterbach
Wanderkarte: Hoher Vogelsberg–Naturparkausgabe

6. Lauterbach – 3 km – Kugelberg – 13 – **Grebenau = 16 km**
Markierung: blaues Band
Wanderkarte: Blatt L 5322 Lauterbach

7. Grebenau – 4 km – Schloß Herzberg – 2 – Bieben – 7 – Eifa – 6 – **Alsfeld = 19 km**
Markierung: blaues Band
Wanderkarten: 1. Blatt L 5322 Lauterbach
2. Blatt L 5320 Alsfeld

(22) Rundwanderung vom **Hoherodskopf** (764 m) durch den **Oberwald** zur **Niddaquelle**, zum **Taufstein** (773 m) und zurück (rd. 8 km)

Markierung: grünes **H**

Wanderkarte: Hoher Vogelsberg–Naturparkausgabe

Wanderstrecke: **Hoherodskopf** – Taufsteinhütte – Forellenteiche – Hochmoor – Niddaquelle – Landgrafenborn – Goldwiese – Geiselstein – Hochmoor – Taufstein – **Hoherodskopf**

Im zentralen Bereich des Hohen Vogelsberges hat der VHC einen 8 km langen Rundwanderweg ausgewiesen und markiert, der zu den Naturschutzgebieten des Oberwaldes führt. Der zentr. Bereich bildet ein Plateau in einer Höhenlage von 600 bis 700 Metern, aus dem sich Berge und Kuppen erheben.

Die Naturschutzgebiete dürfen nur auf dem beschriebenen Wanderweg begangen werden.

Unsere Wanderung beginnt unterhalb des Berggasthofes (Clubhaus des VHC) auf dem Hoherodskopf. Wir folgen der Markierung grünes H in nördlicher Richtung am Waldrand entlang mit einem schönen Ausblick über die Wetterau zum Gießener Becken und zum Taunus. Wir überqueren die Landstraße und den Parkplatz Taufsteinhütte und treten oberhalb der Jugendherberge (DJH) in den Wald ein. Bald haben wir die Forellenteiche erreicht.

Die 3 **Forellenteiche** befinden sich im Eigentum des Landes Hessen. Sie werden von der Forstverwaltung fischwirtschaftlich genutzt. Die »Flösser«, wie man die Teiche im Volksmund bezeichnet, wurden ursprünglich als Floßteiche angelegt und in den Jahren 1616 bis 1647 als solche genutzt. Der Oberlauf der Nidda wurde hier gestaut, um bei Hochwasser durch zusätzliche Flutwellen Holz zu Tal zu schwemmen. Dies wurde nach 30 Jahren unterlassen, weil die Sturzflut und das Getöse der Stämme große Schäden an Gebäuden der Anliegergemeinden verursachte. Außerdem fühlten sich Mühlenbesitzer geschädigt. Das Gebiet steht heute unter Naturschutz, um den Biotop der Feuchtwiesen zu erhalten.

Auf dem Weg von dem oberen Forellenteich zum Parkplatz Niddaquelle achten wir auf die auffälligen Baumlöcher des Schwarzspechtes (siehe auch Teil I – Tierwelt).

Nach dem Überschreiten der Ringstraße Hoher Vogelsberg stehen wir am Rand des Hochmoores, im Gebiet der »Breungeshainer Heide«.

Breungeshainer Heide: Unter diesem Namen wird die Moor-, Heide- und Wiesenfläche in 710 m Höhe zwischen Forellenteichen und Geiselstein bezeichnet. Teile dieser einstigen Heide sind inzwischen aufgeforstet. Sie schließt das Hochmoor und die Goldwiese mit dem Goldborn ein. Das gesamte Gebiet steht unter Naturschutz.

Das **Hochmoor** (siehe auch Teil I – Flora des Hochmoores), eines der wenigen Hochmoore Hessens, liegt in einer leichten Mulde. Folgende Faktoren haben die Bildung des Moores bestimmt: Der Untergrund, bestehend aus Lößlehm, ist wasserundurchlässig. Er ist somit dem Einflußbereich des Grundwassers entzogen und besitzt auch keinen Wasserzufluß. Das Moor wird durch Niederschläge, die im Vogelsberg mit 1200 mm pro Jahr extrem hoch sind, bewässert. Die Lage in der Senke ist ohne Abfluß. Das Moor ist daher nährstoffarm. Das Wasser und der versumpfende Boden versauern, und dadurch werden Mikroorganismen in ihrer Tätigkeit gehemmt.

Botanisch sind Hochmoore außerordentlich wertvoll, denn unter den besonderen Bedingungen gedeihen Pflanzengesellschaften, die es sonst kaum noch gibt. Das Hochmoor hat sich im Laufe der Zeit uhrglasförmig gewölbt.

Im 18. und 19. Jahrhundert wurde das Moor entwässert und mit Bergkiefern, Fichten und Moorbirken bepflanzt. Torf wurde abgebaut und als Torfstreu für die Ställe oder als Brennmaterial genutzt. In den dreißiger Jahren unseres Jahrhunderts wurde die Entwässerung verstärkt. Infolge der Austrocknung hat das Moor sehr gelitten, und typische Pflanzen sind verschwunden. Das Restmoor steht heute unter Naturschutz, und man hofft, daß die Renaturierung Erfolg hat. Künstlich angelegte Wassergräben wurden am Moor vorbeigeführt, um den Zugang für Besucher zu sperren. Vom Wanderweg aus haben wir einen Überblick über die Moorlandschaft.

Nach etwa 500 m erreichen wir die Niddaquelle.

Die **Niddaquelle** wurde mit einfachen Basaltsteinen gefaßt. Die Nidda fließt in einem Graben in westlicher Richtung ab. Nach 105 km – nach Aufnahme von Horloff, Wetter und Nidder – mündet die Nidda bei Höchst in den Main.

Etwa 200 m weiter liegt am Höhenrundweg der **Landgrafenborn** auf der Wasserscheide zwischen Fulda/Weser und Main/Lahn/Rhein. Sein Wasser gibt er nach Osten in den Ellersbach ab, der am Geiselstein vorbeifließt. Der alte Mießgraben, der einstmals heimlich angelegt worden ist, leitete das Wasser in westlicher

Niddaquelle im Oberwald

Richtung zur Nidda. Um das Wasser des Landgrafenbornes gab es in früherer Zeit Streit zwischen den Landesherren. Der Born wurde nach dem Landgrafen Ludwig VIII. (1739–1768) benannt, der hier oft vom Jagdschloß Zwiefalten aus der Jagd nachging. An ihn erinnern noch die sogenannten »Baracken«, eine Stelle der Heide, wo damals 6 Jagdhäuser standen (Roeschen, 1923, S. 31).

Der Wanderweg führt an der **Goldwiese** entlang. Die Wiesenfläche zwischen Landgrafenborn, Goldborn und Geiselstein zeigte sich einstmals im Juli, in der Hauptblütezeit, goldfarbig. Vorherrschend war die Arnika, die leider nicht mehr so üppig verbreitet ist. Ob jedoch die Goldwiese der Farbe wegen ihren Namen trägt, ist fraglich.

Den **Geiselstein** erreichen wir nach einem kurzen Abstecher vom Wanderweg. Eine Hinweistafel weist den Weg. Es handelt sich um den Rest eines vulkanischen Schlotes mit Gangfüllung. Die Aufragung aus dicken Basaltblöcken ist 10 m hoch und 100 m lang. Der Sage nach sollen unter ihm große Schätze verborgen liegen. Vielleicht deuten das die Namen Goldwiese und Goldborn an.

Auf unserer Wanderung erreichen wir bald wieder das Hochmoor an seiner Südseite und haben hier erneut Gelegenheit, das Naturschutzgebiet einzusehen.

An der Ringstraße Hoher Vogelsberg, der Zufahrtsstraße zum Hoherodskopf, wendet sich der Wanderweg in südlicher Richtung zum Taufstein. Ihn können wir nach einem gekennzeichneten Abstecher besteigen.

Der **Taufstein** (773 m) ist die höchste Erhebung im Vogelsberg. Wir besteigen ihn über die sogenannten Blockfelder, die durch die Verwitterung des Gesteins entstanden sind. Die Sprengwirkung des Frostes lockerte den Verbund des bloßgelegten Gesteins und löste es in Blöcke auf.

Im Jahr 1906 wurde auf Initiative des VHC der Wald auf der Felskuppe des Taufstein aus der forstlichen Bewirtschaftung genommen und unter Naturschutz gestellt. So entstand der »Urwald« am Taufstein, wie er im Volksmund genannt wird. Auf dem Gipfel des Berges errichtete der VHC im Jahr 1910 einen steinernen Aussichtsturm, den 28 m hohen Bismarckturm. Von ihm bietet sich ein Rundblick über die Verebnungsfläche des Oberwaldes zu den übrigen Erhebungen des Hohen Vogelsberges. Bei guter Sicht genießt der Wanderer einen Fernblick über die Wetterau hinweg zum Taunus und nach Süden und Südosten zum Spessart, zur Rhön und zum Inselsberg im Thüringer Wald.

Der Taufstein erhielt seinen Namen von dem Bonifatius-Born, einige Meter neben dem Turm. An ihm soll Bonifatius der Sage nach die ersten Christen des Vogelsberges getauft haben.

Vom Taufstein wandern wir an einer Funkstation der amerikanischen Armee vorbei zum Hoherodskopf (764 m), dem Zentrum des Fremdenverkehrs. Im Berggasthof, dem Clubhaus des VHC, finden wir Bewirtung und Unterkunft.

Bismarckturm, Aussichtsturm des VHC auf dem Taufstein (773 m)

(23) Rundwanderung vom **Hoherodskopf** zur **Herchenhainer Höhe**, nach **Ilbeshausen/Hochwaldhausen** und zurück (rd. 22 km)

Markierung: 1. gelbes Kreuz bis zur Lauterbacher Hütte ✚
2. gelbes Band bis zur Herchenhainer Höhe ▬
3. weißer Ring bis Hochwaldhausen ◎
4. rotes Kreuz zum Hoherodskopf zurück ✚

Wanderkarte: Hoher Vogelsberg–Naturparkausgabe

Wanderstrecke: **Hoherodskopf** – Lauterbacher Hütte – Gleicher Platz – Herchenhainer Höhe – Gleicher Platz – Hochwaldhausen – Ilbeshausen – Hochwaldhausen – Schwarzer Fluß – **Hoherodskopf**

Die Wanderung, abseits von Landstraßen und von Massentourismus, bietet dem Naturfreund die Möglichkeit für eine naturkundliche Exkursion (siehe auch Teil I – Pflanzenwelt, Tierwelt).

Wir beginnen unsere Rundwanderung auf dem großen Parkplatz auf dem Hoherodskopf und folgen zunächst der Markierung gelbes Kreuz in südlicher Richtung. Unterhalb der Talstation des Skiliftes biegt der Weg in östlicher Richtung ab, und das gelbe Kreuz führt uns zur Lauterbacher Hütte, einer Schutzhütte.

Unterwegs haben wir Gelegenheit, den Artenreichtum der Wiesenflora zu bewundern. Besonders im Juli stehen die zahlreichen Waldwiesen, an denen wir vorbeikommen, in voller Blüte.

An der Schutzhütte wechseln wir die Markierung und folgen nun dem gelben Band durch den Oberwald, vorbei am Gleichen Platz, zur Herchenhainer Höhe (733 m) mit der Totengedenkstätte des VHC. Vom Waldrand aus bietet sich uns ein weiter Blick über die Ausläufer des Vogelsberges. Wir sehen den Taunus, die Silhouette der Stadt Frankfurt/M. und den Spessart.

Von der Herchenhainer Höhe aus folgen wir nun der Markierung weißer Ring zurück zum Gleichen Platz und weiter durch den Oberwald nach Hochwaldhausen. Den Ortsteil Ilbeshausen der Gemeinde Grebenhain erreichen wir über Dorfstraßen. Hier besichtigen wir die Teufelsmühle (siehe (7)).

Der Rückweg zum Hoherodskopf beginnt in Hochwaldhausen am Schwarzen Fluß, und wir folgen der Markierung rotes Kreuz durch das romantische Schwarzbachtal bis zum Hoherodskopf.

(24) Rundwanderung vom **Hoherodskopf** nach **Schotten** und zurück (rd. 24 km)

Markierung: 1. roter Ring bis Schotten **O**
2. blaues Andreaskreuz (Europ. Fernwanderweg Nr. 3) zurück zum Hoherodskopf **✕**

Wanderkarte: Hoher Vogelsberg–Naturparkausgabe

Wanderstrecke: **Hoherodskopf** (764 m) – Gackerstein (663 m) – Michelbach – Schotten (282 m) – Bockzahl – Busenborn – Bilstein – Segelflugplatz – **Hoherodskopf**

Die Rundwanderung führt uns in den Luftkurort Schotten, das Herz des Vogelsberges, wie die Bewohner ihre Stadt gern bezeichnen. Da die Wanderung vorwiegend über Höhenrücken durch freie Feldflur führt, bieten sich uns herrliche Ausblicke nach Westen zum Gießener Becken und zum Taunus.

Unterhalb des Berggasthofes Hoherodskopf treffen wir auf den mit einem grünen H gekennzeichneten Höhenrundweg. Unsere Markierung roter Ring verläuft mit ihm auf gleicher Strecke am Waldrand entlang zum Parkplatz Taufsteinhütte bis zum Waldrand oberhalb der Jugendherberge (DJH). Hier trennen sich die Wanderwege, und wir folgen dem roten Ring bis zum Gackerstein (663 m).

Die Aussicht über Breungeshain, einem Stadtteil von Schotten mit seiner kleinen und sehenswerten Fachwerkkirche (1708), ist beeindruckend. Vor uns liegt die Gebirgslandschaft des westlichen Vogelsberges mit dem eingeschnittenen Tal des Eichelbaches, dessen Quelle im Gelände der Jugendherberge zu finden ist.

Über Feldwege erreichen wir den Stadtteil Michelbach, und bald wird der Blick frei auf Schotten im Niddatal. Abwärts führt uns der Weg in die Stadt.

Der mittelalterliche Stadtkern wird von vielen schönen Fachwerkbauten rund um die Liebfrauenkirche und das Rathaus geprägt. Die Restaurierung des Stadtbildes im Rahmen der Altstadtsanierung macht gute Fortschritte. Daher ist eine Besichtigung der Stadt sehr zu empfehlen.

Der Rückweg zum Hoherodskopf mit der Markierung blaues Andreaskreuz wurde im Rahmen der Wanderung (2) bereits beschrieben.

(25) Rundwanderung vom **Hoherodskopf** nach **Ulrichstein** und zurück (rd. 24 km)

Markierung: 1. rot-weißes Band bis nach Ulrichstein ▬
2. rotes Band zurück zum Hoherodskopf **–**

Wanderkarte: Hoher Vogelsberg–Naturparkausgabe

Wanderstrecke: **Hoherodskopf** – Forellenteiche – Parkplatz Niddaquelle – Feldkrücker Höhe – Feldkrücken – Ulrichstein – Ulrichsteiner Kreuz – Sieben Ahorn – Landgrafenborn – Geiselstein – Taufstein – **Hoherodskopf**

Auf der Rundwanderung durch den Oberwald besuchen wir Ulrichstein, die höchstgelegene Stadt Hessens. Die Wanderstrecke schließt auf dem Hin- und Rückweg fast den gesamten Höhenrundweg (22) ein, so daß wir auch die Naturschutzgebiete des Oberwaldes erreichen.

Unsere Wanderung beginnt auf dem Hoherodskopf unterhalb des Berggasthofes. Die Markierung rot-weißes Band wird von hier parallel zum Höhenrundweg (grünes H) bis zum Parkplatz Niddaquelle geführt. Diese Wegstrecke ist unter (22) beschrieben.

Vom Parkplatz Niddaquelle, am Rand des Hochmoores, führt uns die Markierung rot-weißes Band nach Ulrichstein. Es handelt sich um ein Teilstück des Vater-Bender-Wanderweges (Frankfurt/M.–Alsfeld), und es kann daher auf die Wanderung (10) verwiesen werden.

Ulrichstein: (3) Vom Turm des Schloßberges gewinnen wir einen guten Überblick über die Gliederung der Stadt, in deren Gemarkung die Ohm entspringt. Wir erkennen in der Landschaftsstruktur auch noch Teilkomplexe der vor einigen Jahren sehr viel stärkeren Treppung der Hänge durch ehemalige Ackerterrassen mit Lesesteinrücken und Hecken. Bei guter Sicht erreicht unser Blick sogar die Taunushöhen im Südwesten, die Amöneburg und das Rothaargebirge im Nordwesten, das Knüllgebirge im Norden und die Rhön im Osten.

Den Rückweg beginnen wir am Lindenplatz. Das rote Band (3) führt uns zum Landgrafenborn, und von hier folgen wir der Markierung grünes H auf dem Höhenrundweg in östlicher Richtung zum Hoherodskopf (siehe Wanderung (22)).

(26) Rundwanderung von **Schlitz** nach **Bad Salzschlirf** und über den **Steinberg** zurück nach **Schlitz** (rd. 24 km)

Markierung: 1. blaues Kreuz bis Bad Salzschlirf ✚
2. weißer liegender Pfeil bis Steinberg (Markierung des Kur- u. Verkehrsv. Bad Salzschl.) <
3. blauer Ring zurück nach Schlitz **O**

Wanderkarte: Blatt L 5322 Lauterbach

Wanderstrecke: **Schlitz** (238 m) – Sängersberg (494 m) – Bad Salzschlirf (265 m) – Steinberg (486 m) – **Schlitz** (238 m)

Unsere Rundwanderung von Schlitz nach Bad Salzschlirf und über den Steinberg zurück führt meistens durch Hochwald. Wegen der Tallage des Solebades haben wir die angrenzenden Höhen zu überwinden. Ruhe und Abgeschiedenheit auf unserem Weg bieten Gelegenheit zur Naturbeobachtung mit herrlichen Ausblicken in die Landschaft des östlichen Vogelsberges mit dem Lauterbacher Muschelkalk-Keuper-Graben.

Die Wanderstrecke von Schlitz nach Bad Salzschlirf ist unter (17) beschrieben. Ergänzende Hinweise: Die Kuppe des Sängersberges liegt 400 m östlich des Wanderweges, und von hier haben wir einen Ausblick in nordöstlicher Richtung nach Schlitz und in das Fuldatal in Richtung Üllershausen, Pfordt.

Auch den Abzweig zum Basaltfelsen, 500 m westlich des Weges, sollten wir uns nicht entgehen lassen. Hier befinden wir uns auf der Grenze des Vogelsbergkreises und des Landkreises Fulda. In südlicher Richtung genießen wir die Aussicht über Bad Salzschlirf und den Söderberg in den bereits erwähnten Lauterbacher Graben. In südöstlicher Richtung erreicht unser Blick das Fuldatal.

An der Mariengrotte haben wir Bad Salzschlirf erreicht. Die Grotte wurde im Jahr 1914 in Erinnerung an Lourdes errichtet, wo 1858 Maria der hl. Bernadette Soubirous erschienen ist. Im Kurort überschreiten wir den Altefeldbach und biegen nach etwa 200 m in den Angersbacher Weg ein. Wir überschreiten die Lauter und folgen ihr etwa 1 km. Die Markierung weißer liegender Pfeil zweigt zusammen mit den Mark. rotes Dreieck und grünes Eichenblatt ab, und wir wandern aufwärts zum Steinberg. Hier treffen wir auf die Markierung blauer Ring, die uns zurück nach Schlitz führt.

(27) Rundwanderung **Lauterbach–Hainig–Lauterbach** (rd. 7 km)

Markierung: blauer Punkt ●

Wanderkarte: Blatt L 5322 Lauterbach

Wanderstrecke: **Lauterbach** (Sport- und Freizeitzentrum im Steinigsgrund) – Blitzenrod – Hainig – Lindenallee – Schule an der Wascherde – **Lauterbach**

Am Sport- und Freizeitzentrum (Sportplätze, Hallenbad, Freibad, Tennisplätze, Eisstadion) beginnen wir die Rundwanderung und folgen der Markierung in südlicher Richtung. An der Kneippanlage überqueren wir die Lauter, gehen am Fluß entlang, wandern über eine Wiese und auf einem romantischen Saumpfad in den Wegner'schen Park. Ein Abstecher über die Bahnschienen zur »Schönen Aussicht« mit einer Schutzhütte, die dem früheren VHC-Vorsitzenden Beier gewidmet ist, lohnt sich. Die Wanderung führt nun am ehem. Bahnhof Blitzenrod vorbei und über die Bundesstraße zum Sonnenweg und bergauf, am Schullandheim des Kreises Dieburg vorbei, zum Hainig (17).

Im engeren Bereich des Hainig durchwandern wir auf dem Hin- und Rückweg verschiedene Stockwerke der übereinanderliegenden Basaltdecken mit ihren abwechselnd sanften und steilen Böschungen.

Der **Hainig** hat eine weit zurückreichende, wechselvolle Geschichte. Hügelgräber, Kammerfluren, Blockwälle, Stufenraine und Wüstungen sind Anzeichen dafür, daß das Gebiet schon seit der Bronzezeit besiedelt war und seitdem meistens landwirtschaftlich genutzt wurde. Der Eichenhain unterhalb des Aussichtsturmes (17) ist allerdings erst einige hundert Jahre alt und diente den Bauern als Hutweide. Inzwischen ist der Hainig, neben Schloß Eisenbach, das beliebteste Wanderziel der Lauterbacher Bevölkerung geworden. Seit mehr als 100 Jahren feiert der Turnverein Lauterbach jedes Jahr im August sein Hainigfest (Bergturnfest).

Vom Hainig wandern wir den Waldweg abwärts bis zu einem breiten Forstweg und schauen durch die Bäume auf Angersbach. Wir folgen dem Forstweg, und nun liegt Lauterbach, die Kreisstadt des Vogelsbergkreises, (18) vor uns.

Wandergruppe des VHC-Zweigvereins Lauterbach

Aussichtsturm des VHC auf dem Hainig (417 m) bei Lauterbach

(28) Rundwanderung um **Ortenberg** über die Höhen des Niddertales, von **Glauburg/Stockheim** nach **Lißberg** und zurück (rd. 22 km)

Markierung: 1. zwei weiße parallele Bänder von Stockheim bis zur Krömmelbach-Hütte ═
2. weißer Ring bis Lißberg ◎
3. rotes Dreieck zurück nach Stockheim △

Wanderkarte: Hoher Vogelsberg – Naturparkausgabe

Wanderstrecke: **Glauburg/Stockheim** – Krömmelbach-Hütte (Nähe Fahrstraße Ortenberg–Usenborn) – Lißberg – Fahrstraße Schwickartshausen – Eckartsborn (Oberdorf) – Effolderbach – **Stockheim**

Im Ortsteil Stockheim der Großgemeinde Glauburg beginnen wir die Wanderung am Friedhof und folgen der Markierung (zwei weiße parallele Bänder). Wir wandern auf einer alten Handelsstraße, der »Linken Nidderstraße«, die einstmals von Frankfurt/M. nach Fulda führte. Auf freier Feldflur schauen wir über Selters hinweg in das Niddertal mit dem gegenüberliegenden ehem. Kloster Konradsdorf und nach Südosten in das Tal des Bleichenbaches. Wir überqueren die B 457 und wandern durch ein kleines Wäldchen zur Obstanlage der Stadt Ortenberg. Während der Baumblüte ist diese Wanderung besonders reizvoll. Von der Landstraße Ortenberg–Bergheim an begleitet uns eine weitere Markierung, der weiße Ring. Nun kommen wir am Hof Breitenhaide vorbei zur Krömmelbachhütte. Wir folgen dem weißen Ring über eine Forststraße nach Lißberg. Das »Lißberger Krautfaß«, das Wahrzeichen des Städtchens, grüßt uns von weitem.

Durch verwinkelte Gassen, am Zusammenfluß des Hillersbaches und der Nidder vorbei, geht es aufwärts zur Fahrstraße nach Schwickartshausen. Auf der westlichen Nidderhöhe erreichen wir die Markierung rotes Dreieck, die uns in südwestlicher Richtung bis zu unserem Ziel begleitet. Wir wandern nun auf einer anderen alten Handelsstraße, der »Rechten Nidderstraße«. Durch das Oberdorf von Eckartsborn führt der Höhenweg zunächst durch freie Feldflur und anschließend durch Wald zum Bieberberg. Unterwegs bieten sich uns immer wieder Ausblicke in das Niddertal mit dem mittelalterlichen Städtchen Ortenberg und nach Nordwesten in das Laisbachtal. Am Waldrand überqueren wir die B 275 und wandern an Effolderbach vorbei durch die Nidderaue nach Stockheim zurück.

(28a) Verkürzte Rundwanderung um **Ortenberg** (rd. 15 km)

Markierung: 1. zwei weiße parallele Bänder von Stockheim bis zur Landstraße Ortenberg–Bergheim ▭
2. weißer Ring von der Landstraße Ortenberg–Bergheim durch Ortenberg zum Bieberberg ◎
3. rotes Dreieck vom Bieberberg nach Stockheim △

Wir verkürzen die unter (28) beschriebene Wanderung, indem wir an der Landstraße Ortenberg–Bergheim auf die Markierung weißer Ring überwechseln. Dieser Markierung folgen wir nun durch Ortenberg, über die Nidder, durch Wippenbach zum Bieberberg. Hier treffen wir auf die Markierung rotes Dreieck. Der Rückweg nach Stockheim ist unter (28) beschrieben.

Hinweise, Sehenswürdigkeiten

Glauburg/Stockheim: siehe Wanderung (16).

Selters: Stadtteil von Ortenberg, wurde durch seine Mineral- und Solequellen zum Luftkur- und Erholungsort. In der Nidderaue steht das Kurhaus mit verschiedenen Einrichtungen zur Heilbehandlung (Solebäder).

Konradsdorf: Landwirtschaftliche Domäne des Landes Hessen in einem ehem. Prämonstratenserkloster gleichen Namens. 1145/50 stiftete Gerlach von Büdingen das Kloster, 1191 fiel es an das Erzbistum Mainz, 1270 war das ehem. Doppelkloster nur noch ein Nonnenkloster, 1580 wurde es säkularisiert. Wertvolle Bauteile sind noch vorhanden (siehe Literaturverzeichnis). Im Bereich der Domäne wurde 1975 eine Gesamtschule errichtet.

Ortenberg: 9 Stadtteile, rd. 8500 Einw., liegt auf einem Bergvorsprung am linken Nidderufer. Bereits in der Zeit 5000 bis 2000 v. Chr. war das Gebiet um die jetzige Stadt bewohnt. Der Ursprung der Siedlung Ortenberg liegt in der Burg, die vor 1166 erbaut wurde. Sehenswürdigkeiten: Marienkirche aus dem 13./14. Jahrh., Schloß des Fürsten zu Stolberg-Roßla, Rathaus aus dem 16. Jahrh., Stadtbefestigungsanlage, Stadtbrunnen, Fachwerkbauten. Ortenberg bemüht sich heute mit Erfolg um die Sanierung seiner Altstadt.

Lißberg: Ehem. selbständige Stadt, heute Stadtteil von Ortenberg, wurde 1222 erstmals erwähnt. 1418 kam die Hälfte der Burg mit dem Gericht an Hessen, 1796 wurde die Burg durch französische Truppen eingeäschert, heute Ruine (»Lißb. Krautfaß«).

(29) Rundwanderung von **Büdingen** durch die Seemenbachaue zum **Glauberg** und durch Bleichenbach zurück nach **Büdingen** (rd. 20 km)

Markierung: weißer Punkt auf schwarzem Grund ○

Wanderkarte: Blatt L 5720 Gelnhausen

Wanderstrecke: **Büdingen** – Seemenbach – Rückhaltebecken – Düdelsheim – Steinern – Glauberg – VHC-Hütte – Bleichenbach – Aulendiebach – Wolf – **Büdingen**

Ausgangspunkt unserer Rundwanderung mit naturkundlichen und kulturhistorischen Schwerpunkten ist die Seemenbachbrücke der Berliner Straße in Büdingen. Wir folgen der Markierung flußabwärts dem Seemenbach entlang. Das Bachufer ist mit Erlen und Weiden bewachsen. Hinter dem Hubschrauber-Landeplatz der amerikanischen Armee öffnet sich der Blick auf die Seemenbachaue. Hier hört man im Frühjahr den Gesang der Lerchen, und später reihen sich in das »Konzert« Kiebitze, Wiesenpieper, Steinschmätzer und Neuntöter ein. Auch Bekassinen, Kampfläufer, Flußuferläufer kann der interessierte Vogelfreund hier beobachten.

Die Wanderung folgt dem Seemenbach bis zum Damm des Düdelsheimer Rückhaltebeckens. Nach starken Regenfällen findet man hier im Sommer auf der angestauten Wasserfläche manchmal ein paar Windsurfer, die den Enten, den Teichhühnern und den Graureihern das Revier streitig machen. Im Winter bildet sich oft genug eine tragfähige Eisdecke, die sich nach dem Ablaufen des Hochwassers auf den Wiesengrund absenkt und auf einer großen Fläche gefahrloses Eislaufen ermöglicht. Von der Krone des Dammes fällt der Blick nach Südwesten auf den Finndörfer Hof. Er war einst ein Klostergut. Vom Jahr 1358 existiert ein Kaufvertrag von Konrad von Karben, Propst zu Ilbenstadt, und Propst Werner von Hirzenhain an Heinrich von Ysenburg, Graf zu Büdingen. Heute werden die Gebäude des Gutes als Bauhof und als Tierheim des Tierschutzvereins genutzt.

In westlicher Richtung erreichen wir das nächste Etappenziel, den Büdinger Stadtteil Düdelsheim, überragt von seinem »Hausberg«, den Steinern.

Düdelsheim gehört in der östlichen Wetterau zu den urkundlich ältesten Siedlungen. Bereits für das Jahr 792 sind Schenkungen Düdelsheimer Bauern an das Kloster Lorsch belegt. 1219 erwähnt ein päpstlicher Schutzbrief eine eigene Kapelle in Düdelsheim.

Die Pfarrer wurden von dem Stift in Konradsdorf (28a) eingesetzt. 1601 fiel Düdelsheim endgültig an das Haus Ysenburg. Im gleichen Jahr nahmen die Einwohner das kalvinistische Glaubensbekenntnis an. Die Wirren des Dreißigjährigen Krieges haben Düdelsheim übel mitgespielt. Die Bevölkerung nahm um die Hälfte ab, der Weinbau ging auf ein Zehntel zurück, viele Einwohner mußten noch Jahrzehnte später wegen wirtschaftlicher Not auswandern. Erst die folgenden Jahrhunderte brachten die Selbständigkeit und einen gewissen Wohlstand.

Die Wanderung führt den Stockheimer Weg hinauf, und wir biegen dann zu den Steinern ab. Von hier aus bietet sich uns ein weiter Blick zurück über Düdelsheim, die Seemenbachaue bis hin nach Büdingen. Zwischen den Basaltblöcken laden Bänke zur Rast ein. Es gibt keine Aufzeichnungen über geschichtliche Ereignisse auf dieser Höhe, doch fühlt man sich an dem romantischen Ort den Kräften und Mächten der Natur sehr nahe. Dem Volksglauben nach sollen hier in manchen Vollmondnächten unheimliche Dinge vor sich gehen.

Von der westlichen Seite des Abhangs führt der Wanderweg wieder in das Dorf hinunter, und wir folgen der Markierung durch freie Feldflur aufwärts zum Glauberg. Wir betreten die kulturhistorisch bedeutsame Stätte von Westen kommend durch die Enzheimer Pforte. Alle Siedlungsphasen sind durch Ausgrabungen, Funde und Mauerreste belegt und durch beschriftete Tafeln des »frühgeschichtlichen Lehrpfades« an den jeweiligen Stellen beschrieben (siehe auch Wanderung (16)).

Die Wanderung führt über die Kuppe des Glaubergs. Ein Blick in die Ferne macht deutlich, daß wir uns im Übergangsraum der Wetterau und dem Ronneburger Hügelland zum westlichen Vogelsberg befinden.

Nach dem Erreichen der Hütte des VHC-Zweigvereins Stockheim wandern wir über einen sanft abfallenden Bergrücken hinunter nach Bleichenbach. Der Wanderweg führt nun über Feldwege zu einer alten Kapelle inmitten eines Friedhofes am Rand des Dorfes Aulendiebach. Hier sollten wir still verweilen.

Durch Aulendiebach und Wolf wandern wir nun nach Büdingen zurück. Unsere Rundwanderung endet an der Remigiuskirche im Großendorf, der ältesten Kirche im Büdinger Land aus dem 11. Jahrhundert. Sie dient heute als Friedhofskapelle.

(30) **3 Tage** von **Gießen** nach **Grünberg** und durch **Laubach** und **Lich** zurück nach **Gießen** (rd. 80 km)

1. Tag: **Gießen** – 8 km – Hangelstein – 10 – Beuern – 3 – Bersrod – 5 – Wirberg – 5 – **Grünberg = 31 km**

Markierung: Blaues Dreieck bis Grünberg △

Wanderkarten: 1. Blatt L 5518 Gießen
2. Blatt L 5318 Amöneburg

Vom Amtsgericht (Ostanlage/Gutfleischstraße) wandern wir durch die Wieseckaue, entlang der renaturierten Wieseck, an der Struppmühle vorbei und hinauf zum Hangelstein. Von hier erreichen wir auf einem Pfad die »Schöne Aussicht« und genießen den Blick auf die Burgen Gleiberg, Vetzberg und Dünsberg. Auf der Wasserscheide zwischen Wieseck und Lumda führt unsere Wanderung an Alten-Buseck vorbei nach Beuern und weiter nach Bersrod. Durch Winnerod, über den Wirberg und durch Göbelnrod erreichen wir schließlich Grünberg.

2. Tag: **Grünberg** – 8 km – Laubach – 8 – Nonnenroth – 9 – **Lich = 25 km**

Markierung: 1. blaues Band bis Laubach ▬
2. blauer Ring bis Lich O

Wanderkarte: Blatt L 5518 Gießen

Eine Hinweistafel in Grünberg an der Schloßmauer in der Oberen Langgasse zeigt uns den Weg (blaues Band). Wir wandern an der Sportschule vorbei, durch den Stadtwald, durchschreiten das Lautertal und steigen durch dichten Buchenwald zur Einfürste hinauf. Der Weg führt weiter durch Wald bis nach Laubach. Auf der Wanderung nach Lich begleitet uns die Markierung blauer Ring durch Feld- und Waldflur.

3. Tag: **Lich** – 4 km – Kloster Arnsburg – 13 – Schiffenberg – 7 – **Gießen = 24 km**

Markierung: 1. blauer Ring bis Kloster Arnsburg O
2. rotes Band bis Schiffenberg ▬
3. roter Punkt bis Gießen ●

Wanderkarte: Blatt L 5518 Gießen

Am Sandsteinbrunnen vor dem Rathaus in Lich beginnen wir die letzte Etappe. Die Markierung blauer Ring führt uns am Schloß vorbei. Wir überqueren die Wetter, die der Wetterau ihren Namen gab, und wandern durch das Gottesackertal zum Kloster Arnsburg. Nun folgen wir der Markierung rotes Band, überqueren an der Gaststätte Klosterwald die B 488 und folgen unserer Markierung auf dem »Jägerpfad« am Waldrand entlang. Unterwegs bietet sich uns ein Blick auf die Burg Münzenberg und auf die Dörfer der nördl. Wetterau. Im Markwald nördl. von Dorf-Güll treffen wir auf den Limeswanderweg, queren mit ihm die Autobahn durch eine Unterführung und wandern durch Garbenteich und Hausen zum Schiffenberg. Ein Blick in die Landschaft belohnt uns für die Anstrengungen der Tagesetappe. Nun wechseln wir auf die Markierung roter Punkt, erreichen den Kesslersbrunnen und wandern durch den Gießener Stadtwald zur Theodors Ruhe. Durch das Wohngebiet Oberhof führt der Weg weiter über den Gießener Ring in den Bergwerkswald. Kleine Teiche mit Seerosen und bizarre Felsblöcke laden in diesem ehem. Bergwerksgelände und heutigen Naturschutzgebiet zum Verweilen ein. Gießen liegt nun vor uns.

Hinweise, Sehenswürdigkeiten

Gießen (1), **Grünberg** (15), **Laubach** (4), **Lich** (8), **Kloster Arnsburg** (8), **Limes** (13)

Hangelstein: Naturschutz- und Naherholungsgebiet, Felsgruppen aus Basalt, Bestandteil des Wiesecker Waldes. 1498 schenkte der hess. Landgraf den größten Teil des Hangelsteins der Stadt Gießen. Auf der Höhe (305 m) Reste eines vorgeschichtlichen Ringwalls und mittelalterliche Befestigungswerke.

Wirberg: Von dem zwischen 1124 und 1148 gestifteten Prämonstratenserinnenkloster sind nur noch geringe Reste der Umfassungsmauer vorhanden, die Gebäude wurden 1635 zerstört. Eine Kirche für sechs umliegende Dörfer (Saalbau von 1753/54).

Schiffenberg: Auf einem Basaltausläufer des Vogelsberges im Gießener Stadtwald gelegen. 1129 stiftete die Gleiberger Gräfin Clementia ein Augustiner-Chorherrenstift. Das Kloster bewahrte trotz der Reformation eine gewisse Selbständigkeit bis 1809, es wurde dann hessische Domäne und 1939 der Gemarkung Gießen einverleibt. Die Stadt Gießen restaurierte die Anlage, und sie ließ hier eine Stätte kulturellen Lebens entstehen.

(31) **4 Tage** im **Naturpark Hoher Vogelsberg** von **Schotten** zum **Hoherodskopf** und durch **Gedern** zurück nach **Schotten** (rd. 53 km)

1. Tag: **Schotten** – 2 km – Betzenrod – 3 – Flugplatz – 4 – Feldkrükken – 4 – **Ulrichstein = 13 km**

Markierung: grünes Band **—**

Wanderkarte: Hoher Vogelsberg–Naturparkausgabe
Diese Wanderstrecke wurde bereits beschrieben (5).

2. Tag: **Ulrichstein** – 7 km – Landgrafenborn – 2 – Taufstein – 1 – **Hoherodskopf = 10 km**
Markierung: rotes Band **—**

Wanderkarte: Hoher Vogelsberg–Naturparkausgabe

Am Lindenplatz in Ulrichstein beginnt die Wanderung in südöstl. Richtung. Wir wandern über eine Anhöhe (625 m) zur Wegegabel, dem Ulrichsteiner Kreuz. Die Bundesstraße wird überquert, und

Segelflugplatz am Hoherodskopf

der Wanderweg rotes Band erreicht bald den Oberwald. An der Schutzhütte »Sieben Ahorn« biegt unser Weg in östl. Richtung ab, führt über die Höhe »Sieben Ahorn« (753 m) zum Landgrafenborn. Hier treffen wir auf den mit einem grünen H gekennzeichneten Höhenrundweg und folgen ihm wie unter (22) beschrieben am Taufstein (773 m) vorbei zum Hoherodskopf (764 m).

3. Tag: **Hoherodskopf** – 6 km – Herchenhain – 9 – **Gedern = 15 km**

Markierung: gelbes Kreuz **+**
Wanderkarte: Hoher Vogelsberg–Naturparkausgabe

Am großen Parkplatz auf dem Hoherodskopf erreichen wir die Markierung gelbes Kreuz, wandern in südl. Richtung abwärts dem Skilift entlang und biegen unterhalb der Talstation in östl. Richtung ab. An der Schutzhütte »Laubacher Hütte« vorbei in südöstl. Richtung durch den Oberwald erreichen wir Herchenhain. Bei guter Fernsicht lohnt sich ein Aufstieg zur Herchenhainer Höhe mit dem Ehrenmal des VHC. Vom Waldrand aus bietet sich dem Wanderer ein Blick über Herchenhain zum Gießener Becken, zum Taunus, zu der Silhouette der Stadt Frankfurt/M. und zum Spessart. Vom großen Parkplatz in Herchenhain wandern wir auf der Markierung gelbes Kreuz weiter am Ernstberg und der Alte Burg vorbei und kommen an einer Schutzhütte in ein Waldgebiet. Wir überqueren die Deutsche Ferienstraße Alpen–Ostsee, erreichen auf freier Feldflur einen Rastplatz mit Schutzhütte und Grillplatz und nähern uns Gedern, dem Tagesziel.

4. Tag: **Gedern** – 2 km – Gederner See – 8 – Eschenrod – 5 – **Schotten = 15 km**

Markierung: grünes Band **–**

Wanderkarte: Hoher Vogelsberg–Naturparkausgabe

Diese Wanderstrecke wurde bereits beschrieben (5).

Hinweise, Sehenswürdigkeiten

Die Wanderung führt durch den Naturpark Hoher Vogelsberg mit Naturschutzgebieten im Oberwald (22). Hier muß genügend Zeit für Naturbeobachtungen zur Verfügung stehen. Die einzelnen Tagesetappen führen daher über geringere Entfernungen.

Schotten (2), **Ulrichstein** (3), **Hoherodskopf** (3), **Herchenhain** (4), **Gedern** (5), **Gederner See** (5).

(32) **4 Tage** von **Gelnhausen** im Kinzigtal zum **Hohen Vogelsberg** und durch **Büdingen** zurück nach **Gelnhausen** (rd. 106 km)

1. Tag: **Gelnhausen** – 8 km – Vier Fichten – 7 – Wächtersbach – 7 – Schlierbach – 2 – Eisenhammer – 5 – **Birstein = 29 km**

Markierung: 1. weißes Kreuz bis Wächtersbach ✚
2. gelbes Band bis Birstein ▬

Wanderkarte: Blatt L 5720 Gelnhausen

Unsere Wanderung beginnt in Gelnhausen (14) am Obermarkt. Wir folgen unserer Markierung weißes Kreuz durch das innere und äußere Holztor zum Schulfestplatz. Von hier wandern wir durch den Büdinger Wald, erreichen die Höhe Vier Fichten und nach 7 km Wächtersbach. Hier wechseln wir auf die Markierung gelbes Band und wandern weiter durch den Büdinger Wald bis nach Birstein.

2. Tag: **Birstein** – 7 km – Kirchbracht – 6 – Volkartshain – 4 – Hartmannshain – 3 – Herchenhainer Höhe – 6 – Taufstein – 1 – **Hoherodskopf = 27 km**

Markierung: gelbes Band ▬

Wanderkarte: Hoher Vogelsberg – Naturparkausgabe

Die Markierung gelbes Band führt uns weiter in nördl. Richtung dem Hohen Vogelsberg entgegen. Wir durchwandern vorwiegend Feldflur, und von Höhenrücken bieten sich uns weite Ausblicke in die Landschaft des südl. Vogelsberges. Auf dem Weg von Kirchbracht nach Volkartshain überschreiten wir die Kreisgrenze vom Main-Kinzig-Kreis zum Vogelsbergkreis. Hier haben wir auch das Gebiet des Naturparks Hoher Vogelsberg erreicht. Die Wanderung führt nun durch Hartmannshain zur Herchenhainer Höhe (733 m). Bei guter Fernsicht erreicht unser Blick das Gießener Becken, den Taunus, die Silhouette der Stadt Frankfurt/M. und den Spessart. Im weiteren Verlauf der Wanderung durch den Oberwald (siehe Teil I) ist nun der Taufstein (773 m), die höchste Erhebung im Vogelsberg, mit dem Aussichtsturm (Bismarckturm) unser Ziel (22). Auf dem Höhenrundweg (22) erreichen wir schließlich den Hoherodskopf.

3. Tag: **Hoherodskopf** – 3 km – Bilstein – 5 – Burkhards – 6 – Gedern – 7 – **Hirzenhain = 21 km**

Markierung: grünes Kreuz ✚

Wanderkarte: Hoher Vogelsberg – Naturparkausgabe

Vom großen Parkplatz auf dem Hoherodskopf führt die Wanderung in südl. Richtung abwärts dem Skilift entlang. Unterhalb der Talstation zweigen Wanderwege ab, und wir folgen unserer Markierung am Segelflugplatz vorbei. Vom Fuß des Bilsteins lohnt sich ein Abstecher zum Gipfel (2). Zu unserem Wanderweg zurückgekehrt, wandern wir durch den Oberwald weiter nach Burkhards im oberen Niddertal. Über einen Höhenrücken mit guter Fernsicht erreichen wir den Gederner See (5) und nach 2 km die Stadt Gedern (5). Unsere Markierung führt uns schließlich am Schweinsgrabenweiher vorbei nach Merkenfritz und nach Hirzenhain (14).

4. Tag: **Hirzenhain** – 3 km – Gelnhaar – 11 – Büdingen – 7 – Hain-Gründau – 8 – **Gelnhausen = 29 km**

Markierung: grünes Kreuz ✚

Wanderkarten: 1. Hoher Vogelsberg–Naturparkausgabe
2. Blatt L 5720 Gelnhausen

Hirzenhain im Niddertal verlassen wir in südl. Richtung, und über Höhenrücken und durch Flußtälchen führt unsere Wanderung immer wieder aufwärts und abwärts bis nach Büdingen im Seemenbachtal (10). Nun steigen wir wieder hinauf über den Dolberg, den Reffenkopf und durch den Büdinger Wald bis nach Gelnhausen, zum Ausgangs- und Zielpunkt unserer viertägigen Wanderung.

Anmerkung: Sollten die Entfernungen der Tagesetappen zu groß sein, läßt sich die Wanderung auch auf 5 oder 6 Tage ausdehnen. Weitere Etappenziele mit Übernachtungsmöglichkeiten könnten Wächtersbach, Herchenhain, Gedern oder Büdingen sein.

Auf **3 Tage** verkürzen ließe sich die Wanderung, wenn wir von Birstein entlang der Markierung grünes Dreieck und anschließend der Markierung weißes Dreieck nach Büdingen wandern (25 km) und hier übernachten (siehe Wanderkarte Hoher Vogelsberg). Der Wanderweg von Büdingen nach Gelnhausen wurde bereits oben beschrieben (15 km).

(33) **4 Tage** von **Schlüchtern** im Kinzigtal zum **Hohen Vogelsberg** und durch **Hintersteinau** zurück nach **Schlüchtern** (rd. 83 km)

1. Tag: **Schlüchtern** – 4 km – Ohlkopf – 6 – Ulmbach – 2 – Sarrod – 1 – Salz-Mühle – 3 – Waschweiher – 2 – Obersotzbach – 1 – **Birstein = 19 km**

Markierung: rotes **V**

Wanderkarten: 1. Blatt L 5722 Schlüchtern
2. Naturpark Spessart – Blatt Nordwest

Schlüchtern (6) verlassen wir in westl. Richtung. Wir wandern vom Acisweg durch die Bahnunterführung zum Acisbrunnen und folgen der Markierung rotes V durch den Stadtwald und über den Ohlkopf in das Tal des Steinaubaches. Über den Schafsteg queren wir den Bach und wandern weiter durch Wald und anschließend durch Feldflur nach Ulmbach und nach Sarrod. Durch das Tal der Salz, vorbei an der Salz-Mühle, erreichen wir den Schönhof und nach 1 km den Waschweiher. Nun führt unsere Wanderung weiter durch Feldflur nach Obersotzbach und zu unserem Tagesziel Birstein (1).

2. Tag: **Birstein** – 7 km – Kirchbracht – 6 – Volkartshain – 4 – Hartmannshain – 3 – Herchenhainer Höhe – 6 – Taufstein – 1 – **Hoherodskopf = 27 km**

Markierung: gelbes Band **–**

Wanderkarte: Hoher Vogelsberg – Naturparkausgabe

Diese Wanderstrecke wurde bereits beschrieben (32).

3. Tag: **Hoherodskopf** – 6 – Burg – 4 – Grebenhain – 5 – **Nieder-Moos = 15 km**

Markierung: roter Ring **O**

Wanderkarte: Hoher Vogelsberg – Naturparkausgabe

Diese Wanderstrecke wurde bereits beschrieben (6).

4. Tag: **Nieder-Moos** – 2 km – Gunzenau – 5 – Reinhards – 4 – Hintersteinau – 4 – Wallroth – 7 – **Schlüchtern = 22 km**

Markierung: roter Ring **O**

Wanderkarten: 1. Hoher Vogelsberg – Naturparkausgabe
2. Blatt L 5722 Schlüchtern

Diese Wanderstrecke wurde bereits beschrieben (6).

Anmerkung: Die Wanderung läßt sich auf **3 Tage** verkürzen, wenn wir am 2. Tag von **Birstein** nach **Gunzenau** wandern, um am 3. Tag von dort mit der Markierung roter Ring wieder **Schlüchtern** zu erreichen (siehe oben – 4. Tag).

Birstein – 6 km – Fischborn – 6 – Radmühl – 8 – Reichloser Teich – 1 – **Gunzenau = 21 km**

Von Birstein folgen wir der Markierung gelbes Band bis zur Straße Bösgesäß–Fischborn. Hier wechseln wir auf die Markierung weißes Dreieck und folgen ihr bis zum Reichloser Teich (siehe Wanderung ⑪). Ein Quartier finden wir in Gunzenau (1 km nordwestl., entlang der Markierung roter Ring).

Hinweise, Sehenswürdigkeiten

Steinau: Das Städtchen wird auf der Wanderung zwar nicht erreicht, wir wandern aber durch die Stadtteile Ulmbach, Sarrod und Hintersteinau. Es lohnt sich, einen Abstecher in die »Stadt an der Straße« zu machen.

Steinau mit 12 Stadtteilen und rd. 10500 Einwohnern im oberen Kinzigtal zwischen Spessart und Vogelsberg war schon in der Vorzeit besiedelt. Die Siedlung liegt am Kreuzungspunkt bedeutender alter Verkehrsstraßen (»Kinzigstraße«, »Alte Weinstraße«), die die Entwicklung der alten Stadt begünstigten. 1290 erhielt Steinau die Stadtrechte. Das Schloß wurde im 16. Jahrh. zur Sommerresidenz der Grafen von Hanau umgebaut. Das Rathaus entstand 1561. Im Amtshaus aus dem Jahr 1562 verbrachten die Brüder Grimm als Söhne des Amtmanns ihre Jugendjahre (1791–1796). Heute ist in dem Gebäude ein Gebrüder-Grimm-Museum eingerichtet. Sehenswert ist auch das Marionettentheater, das u.a. Grimm'sche Märchen aufführt.

㉞ 5 Tage von **Büdingen** zum **Hohen Vogelsberg** und durch **Gedern** zurück nach **Büdingen** (rd. 103 km)

1. Tag: **Büdingen** – 11 km – Bergheim – 4 – Eckartsborn – 4 – Eschberg – 5 – **Nidda = 24 km**

Markierung: blaues Band ▬

Wanderkarten: 1. Blatt L 5720 Gelnhausen
2. Hoher Vogelsberg–Naturparkausgabe

Diese Wanderstrecke wurde bereits beschrieben ⑮.

2. Tag: **Nidda** – 6 km – Haubenmühle – 13 – **Schotten = 19 km**

Markierung: 1. blaues Band bis Haubenmühle ▬
2. rotes Kreuz bis Schotten ✚

Wanderkarte: Hoher Vogelsberg–Naturparkausgabe

Von Nidda wandern wir zunächst mit der Markierung blaues Band bis zur Haubenmühle (siehe Wanderung ⑮). Hier treffen wir auf die Markierung rotes Kreuz und wandern mit ihr durch den äußeren Gutshof bis nach Schotten (siehe Wanderung ⑦).

3. Tag: **Schotten** – 8 km – Bilstein – 3 – Hoherodskopf – 3 – Schwarzer Fluß – 5 – **Hochwaldhausen = 19 km**

Markierung: 1. blaues Andreaskreuz bis zum Hoherodskopf ✖
2. rotes Kreuz bis Hochwaldhausen ✚

Wanderkarte: Hoher Vogelsberg–Naturparkausgabe

Die Wanderstrecke von Schotten zum Hoherodskopf wurde unter ② beschrieben. Vom Hoherodskopf wandern wir mit der Markierung rotes Kreuz nach Hochwaldhausen (siehe Wanderung ⑦).

4. Tag: **Hochwaldhausen** – 4 km – Burg – 4 – Grebenhain – 5 – Herchenhain – 9 – **Gedern = 22 km**

Markierung: 1. weißer Ring bis Burg ◎
2. roter Ring bis Grebenhain **O**
3. rotes Dreieck bis Herchenhain **△**
4. gelbes Kreuz bis Gedern ✚

Wanderkarte: Hoher Vogelsberg–Naturparkausgabe

In Hochwaldhausen beginnt die Wanderung am Waldrand an der Brücke über den Schwarzen Fluß (Schwarzbachtal). Wir folgen der Markierung weißer Ring bis zur Burg, einer Felsgruppe im Oberwald. Hier treffen wir auf die Markierung roter Ring und folgen ihr in südlicher Richtung bis nach Grebenhain. Auf der Dorfstraße erreichen wir die Markierung rotes Dreieck. Die Wanderung von Grebenhain bis nach Herchenhain ist unter (16) beschrieben. Vom großen Parkplatz in Herchenhain wandern wir mit der Markierung gelbes Kreuz weiter, erreichen die Deutsche Ferienstraße Alpen–Ostsee, überqueren sie und kommen auf freier Feldflur an eine Schutzhütte mit Grillplatz. Gedern liegt nun vor uns.

5. Tag: **Gedern** – 5 km – Wenings – 8 – Michelau – 6 – **Büdingen = 19 km**

Markierung: 1. gelbes Kreuz bis Wenings ✚
2. rot-weißes Band bis Büdingen

Wanderkarten: 1. Hoher Vogelsberg–Naturparkausgabe
2. Blatt L 5720 Gelnhausen

Mit der Markierung gelbes Kreuz wandern wir von der Kirche in Gedern zum Weiler Schönhausen, steigen zum Wartkopf hinauf und folgen der Markierung abwärts nach Wenings. Am Ortsausgang, nach etwa 500 m, treffen wir auf die Markierung rot-weißes Band. Sie begleitet uns nun. Den Galgenberg umgehen wir östlich und wandern über Feldwege, vorbei am Heckenstein nach Michelau. Bei guter Fernsicht haben wir herrliche Ausblicke zum Vogelsberg, zum Taunus und zum Spessart. Ein gerader Weg führt ca. 5 km durch Wald und an der Steinröde vorbei zur Jugendherberge über Büdingen am Pfaffenwald. Die uns zu Füßen liegende mittelalterliche Stadt ist nun bald erreicht.

Die Burg: Felsgruppe aus Basalt im Oberwald bei Hochwaldhausen

(35) **6 Tage** von **Grünberg** zum **Hohen Vogelsberg** und durch **Schotten** und **Laubach** zurück nach **Grünberg** (rd. 107 km)

1. Tag: **Grünberg** – 6 km – Weickartshain – 4 – Freienseen – 6 – Oberseener Hof – 3 – Petershainer Hof – 6 – **Ulrichstein = 25 km**

Markierung: 1. blaues Dreieck bis Petershainer Hof △
2. blauer Ring bis Ulrichstein **O**

Wanderkarte: Hoher Vogelsberg – Naturparkausgabe

Wir verlassen Grünberg (15) entlang der B 49 in östl. Richtung, wandern am Schwimmbad und am Campingplatz vorbei, erreichen ein Fichtenwäldchen, die Sportschule und schließlich den Stadtwald mit schönen Buchenbeständen. Durch Weickartshain und später durch Freienseen im Seenbachtal erreichen wir den Kreuzseener Grund mit der Löbsacksmühle, der Schreinersmühle und der Höresmühle. Unser Weg führt nun leicht bergauf zum Oberseener Hof und weiter bergauf zum Forsthaus Petershainer Hof. Hier stoßen wir auf die Markierung blauer Ring und folgen ihr in nordöstlicher Richtung. Wir kommen nach Kölzenhain im Streitbachtal, zu den Siegmundshäuser Höfen, zu der Schmittmühle und weiter bergauf nach Ulrichstein (3).

2. Tag: **Ulrichstein** – 8 km – Totenköppel – 1 – Meiches – 7 – Allmenrod – 6 – **Lauterbach = 22 km**

Markierung: gelbes Kreuz **+**

Wanderkarte: Hoher Vogelsberg – Naturparkausgabe

Am Lindenplatz in Ulrichstein beginnen wir die Wanderung und folgen der Markierung in nordöstl. Richtung. Nach einem Aufstieg wandern wir durch Wald und erreichen dann wieder abwärts das Tälchen des Katharinenbaches. Wir überqueren eine Landstraße und steigen zum Totenköppel mit der Meicheser Totenkirche hinauf. Im Kirchlein – ursprünglich als St. Georgskirche im 14. Jahrh. erbaut – wird heute nur noch am 2. Pfingstfeiertag Gottesdienst gehalten. Beachtenswert ist der Friedhof mit den sogenannten Sippengräbern. Von der Anhöhe bietet sich bei guter Fernsicht ein eindrucksvoller Blick in die Weite der Landschaft. Wir verlassen diese historisch bedeutsame Stätte und erreichen Meiches.

Nach etwa 1,5 km kommen wir an den Wannbach, den wir auf Natursteinplatten überqueren. Im Volksmund heißt der Übergang »Magistersteg«, weil er früher Lehrern, die in Allmenrod und Meiches unterrichten mußten, als Übergang diente. Anschließend wandern wir durch Buchenhochwald über die Thorkuppe, durch Allmenrod nach Lauterbach (18).

Schloß Eisenbach bei Lauterbach

3. Tag: **Lauterbach** – 5 km – Schloß Eisenbach – 3 – Auhof – 3 – Schalksbachteich – 3 – **Herbstein = 14 km**

Markierung: 1. blaues Kreuz bis Schalksbachteich ✚
2. weißes Kreuz bis Herbstein ✙

Wanderkarte: Hoher Vogelsberg–Naturparkausgabe

Der Wanderweg von Lauterbach bis zum Schalksbachteich ist unter (17) beschrieben. Vom Schalksbachteich wandern wir rd. 3 km in südl. Richtung bis nach Herbstein (2).

4. Tag: **Herbstein** – 5 km – Lanzenhain – 8 – **Hoherodskopf = 13 km**

Markierung: blaues Andreaskreuz ✖
(Europ. Fernwanderweg Nr. 3)

Wanderkarte: Hoher Vogelsberg–Naturparkausgabe

Vom Marktplatz wandern wir entlang der Markierung in westl. Richtung durch das Städtchen, erreichen die Landstraße, folgen ihr einige Meter, verlassen sie in südwestl. Richtung und kommen an die Schutzhütte und an den Weiher am Weißenborn. Auf der Landstraße wandern wir entlang der Markierung durch Lanzenhain und weiter bergauf zum Peststein. Durch den Oberwald, am Nesselberg vorbei, erreichen wir die Oberwaldstraße, überschreiten sie und kommen später zum Flösserhaus am Schwarzen Fluß (Schwarzbachtal). An diesem Rastplatz treffen mehrere Markierungen zusammen. Wir folgen dem blauen Andreaskreuz in westl. Richtung bis unterhalb des Hoherodskopfes und steigen am Skilift entlang zum Gipfel hoch (3).

5. Tag: **Hoherodskopf** – 3 km – Bilstein – 8 – Schotten – 3 – Falltorhaus – 6 – Gonterskirchen – 5 – **Laubach = 25 km**

Markierung: 1. blaues Andreaskreuz bis Schotten ×
2. gelber Ring bis Laubach O

Wanderkarte: Hoher Vogelsberg–Naturparkausgabe

Vom Hoherodskopf wandern wir wieder der Markierung blaues Andreaskreuz folgend abwärts dem Skilift entlang. Unterhalb der Talstation erreichen wir in südwestl. Richtung den Segelflugplatz und schließlich den Bilstein (2). Die Markierung führt uns nach Busenborn. Wir wandern durch das Dörfchen und vom Ortsausgang noch rd. 1,5 km der Landstraße entlang. Der Wanderweg zweigt dann in nordwestl. Richtung ab, und er führt uns nach Schotten (2). Westl. der Gesamtschule treffen wir auf die Markierung gelber Ring, und wir wandern der Straße entlang zum Kreiskrankenhaus. Nun nimmt uns der Wald auf, wir erreichen das Falltorhaus an der B 276 (4) und verlassen nach rd. 200 m wieder die Straße. Die Wanderung führt über den Strickberg in das Tal der Horloff. Bergauf wandern wir an Gonterskirchen vorbei durch Hochwald und über den Steinbacher Kopf nach Laubach (4).

6. Tag: **Laubach – Grünberg = 8 km**

Markierung: blaues Band —

Wanderkarte: Hoher Vogelsberg–Naturparkausgabe

Die Wanderstrecke wurde bereits beschrieben (15).

Anmerkung: Einzelne Wanderstrecken der 6-Tage-Tour sind kurz. So bleibt genügend Zeit für Besichtigungen oder ergänzende Rundwanderungen.

Die Städte Lauterbach (18), Herbstein (2), Laubach (4) und Grünberg (15) sind reich an historischen Bauwerken.

Auf dem Hoherodskopf (3) bietet sich die Möglichkeit für eine Rundwanderung zu den Naturschutzgebieten des Oberwaldes. Die 8 km lange Rundwanderung ist unter (22) beschrieben.

㊱ **6 Tage** von **Schlitz** nach **Alseld** und über den **Hoherodskopf** und **Lauterbach** zurück nach **Schlitz** (rd. 113 km)

1. Tag: **Schlitz – Grebenau = 13 km**

Markierung: weißer liegender Keil – Borgmannweg des Knüllgebirgsvereins (nach dem Gründer des KGV benannt) ◁

Wanderkarte: Blatt L 5322 Lauterbach

Auf dem Marktplatz in Schlitz ⑰ beginnen wir die Wanderung, und wir folgen der Markierung in nordwestl. Richtung durch Feldflur zum Quebst (338 m). Von hier schauen wir noch einmal zurück auf die Burgenstadt. Die Wanderung führt nun zum Schießberg und weiter durch Wald bis zum Abzweig des 200 m südwestl. des Weges gelegenen Forsthauses. Bei guter Sicht haben wir einen schönen Ausblick auf die Berge der Rhön. Wir wandern nun weiter durch Wald, östl. am Eisenberg vorbei, über den Wölfersberg zum Naturdenkmal »Frohe Eiche«. Nun nähern wir uns Grebenau. Am Waldschwimmbad und am Sportplatz vorbei wandern wir über die Jossabrücke in die Stadt ⑱.

2. Tag: **Grebenau** – 4 km – Schloß Herzberg – 2 – Bieben – 7 – Eifa – 6 – **Alsfeld = 19 km**

Markierung: blaues Band **▬**

Wanderkarten: 1. Blatt L 5322 Lauterbach
2. Blatt L 5320 Alsfeld

Von Grebenau wandern wir aufwärts mit der Markierung blaues Band zum Waldrand. Der Weg führt durch den von Dörnberg'schen Wald an historischen Grenzsteinen vorbei (HD = Hessen-Darmstadt)/KP = Königreich Preußen) und über die ehem. Landesgrenze zum Schloß Herzberg ⑱. Wir wandern nun in südwestl. Richtung abwärts nach Bieben. Die Markierung folgt von hier der Landstraße bis rd. 500 m vor Lingelbach. Auf der Anhöhe 403 wenden wir uns in westl. Richtung und wandern durch freie Feldflur und anschließend durch Wald zur B 62. Ihr folgen wir bis nach Eifa. Über den Bachlauf der Eifa und durch ein Waldgebiet unterqueren wir anschließend die Autobahn und erreichen dann wieder die B 62. Alsfeld ⑩ liegt nun vor uns.

3. Tag: **Alsfeld** – 12 km – Storndorf – 6 – Köddingen – 6 – **Ulrichstein = 24 km**

Markierung: rotes Andreaskreuz **✕**

Wanderkarten: 1. Blatt L 5320 Alsfeld
2. Hoher Vogelsberg–Naturparkausgabe

Die Altenburger Straße führt uns von Alsfeld in südl. Richtung in den Stadtteil Altenburg. Die Markierung rotes Andreaskreuz begleitet uns zum Schloßberg mit den Resten des Schlosses der Freiherren Riedesel zu Eisenbach. Aufwärts über den Gänsberg und weiter durch Staatsforst, über den Häuscheskopf, die Richtbergruh und den Roten Berg erreichen wir Storndorf am Oberlauf der Schwalm. Durch offene Feldflur wandern wir zunächst der Schwalm entlang, und die Markierung führt uns dann durch den Storndorfer Forst nach Köddingen. Am Teufelskopf und am Jagdhaus Vogelsberg vorbei erreichen wir schließlich Ulrichstein (3).

4. Tag: **Ulrichstein** – 7 km – Landgrafenborn – 2 – Taufstein – 1 – **Hoherodskopf = 10 km**

Markierung: rotes Band **–**

Wanderkarte: Hoher Vogelsberg–Naturparkausgabe

Diese Wanderstrecke wurde bereits beschrieben (25).

5. Tag: **Hoherodskopf** – 4 km – Landgrafenborn – 3 – Jagdhütte Annettenborn – 8 – Schalksbachteiche – 3 – Auhof – 3 – Schloß Eisenbach – 5 – **Lauterbach = 26 km**

Markierung: blaues Kreuz **+**

Wanderkarte: Hoher Vogelsberg–Naturparkausgabe

Diese Wanderstrecke wurde bereits beschrieben (19).

6. Tag: **Lauterbach** – 3 km – Hainig – 9 – Bad Salzschlirf – 4 – Sängersberg – 5 – **Schlitz = 21 km**

Markierung: blaues Kreuz **+**

Wanderkarte: Blatt L 5322 Lauterbach

Diese Wanderstrecke wurde bereits beschrieben (19).

Wanderaktionen

Wandern ohne Gepäck

Der Vogelsberger Höhen-Club e. V. und der Fremdenverkehrsverband Vogelsberg + Wetterau laden zu Wanderungen unter dem Motto **»Wandern ohne Gepäck«** ein.

Befreit von »unnötigem Ballast« sollen Wanderer die Landschaft auf gut markierten Wanderwegen fernab von jedem Verkehrslärm erleben.

3 Wanderstrecken wurden ausgearbeitet und in Prospekten beschrieben:

4 Tage im Vogelsberg – Rundwanderung von **Schotten** zum **Hoherodskopf** durch den **Naturpark Hoher Vogelsberg**
(siehe Wanderung ㉛)

5 Tage von der Wetterau zum Vogelsberg – Rundwanderung von **Büdingen** zum **Hoherodskopf**
(siehe Wanderung ㉞)

6 Tage im nördlichen Vogelsberg – Rundwanderung von **Grünberg** zum **Hoherodskopf**
(siehe Wanderung ㉟)

Die Pauschalangebote entlasten von manch lästiger organisatorischer Vorarbeit. Bei der Buchung der Quartiere sind Fremdenverkehrsämter behilflich, mit denen auch der Pauschalpreis abgerechnet wird. Für den Gepäcktransport sorgen die Gaststätteninhaber. Das Angebot gilt ganzjährig, ausgenommen sind die Oster-, Pfingst- und Weihnachtsfeiertage. Die beste Zeit liegt zwischen den Monaten Mai und Oktober. Im Winter kann für die Begehbarkeit der Wanderwege nicht garantiert werden, da in den Höhenlagen des Vogelsberges mit Schneeverwehungen zu rechnen ist.

Weitere Auskünfte erteilt der **Fremdenverkehrsverband Vogelsberg + Wetterau, Goldhelg 20, 6420 Lauterbach** Tel. (06641) 85323.

Vogelsberger Wanderpaß und Wandernadel

Wanderer, die auf eine Bestätigung ihrer Wanderleistungen Wert legen, können einen Wanderpaß erwerben. Die Wandernadel soll eine Auszeichnung sein.

Bedingungen:

1. Der **Wanderpaß** kann gegen Einzahlung von **6,— DM** auf das Konto des VHC – Stichwort: Vogelsberger Wandernadel – bei der **Vogelsberger Volksbank Schotten, Konto-Nr.: 256, BLZ: 51961424** erworben werden. Der Paß wird ohne weiteren Antrag zugesandt.

2. Die durchgeführten Wanderungen innerhalb des Gebietes Vogelsberg und Wetterau werden im Wanderpaß eingetragen. Die Erklärung ist vom Inhaber des Passes zu unterschreiben. Eine Gaststätte oder ein Fremdenverkehrsamt am Zielort bestätigt durch einen Stempel die Eintragung.

3. Sind innerhalb eines Jahres (nach dem Tag der ersten Eintragung) **100 km** erreicht, übersendet der Wanderer seinen Wanderpaß an die Geschäftsstelle des VHC. Er erhält seinen Paß zurück mit der **Vogelsberger Wandernadel.**

4. Zuerst wird die Nadel in **Bronze** verliehen. Möchte der Wanderer die Wanderleistung wiederholen, zahlt er erneut 6,— DM auf das o. g. Konto. Er erhält einen neuen Wanderpaß und ein Anrecht auf die Vogelsberger Wandernadel in **Silber.** Die nächste Stufe ist die Nadel in **Gold.**

5. Die Vogelsberger Wandernadel kann an Mitglieder des VHC und an Nichtmitglieder verliehen werden.

   Der VHC geht davon aus, daß nur die tatsächlich erbrachten Wanderleistungen den Wanderer in die Lage versetzen, die Nadel mit Stolz und Befriedigung zu tragen.

Mit dieser Aktion möchte der VHC einen weiteren Beitrag zur Fremdenverkehrsförderung in seinem Wandergebiet leisten und Heimat- und Wanderfreunde anregen, die Landschaft und ihre Wunder am Wege – auch hinsichtlich ihrer Bedrohung – zu Fuß neu zu entdecken.

Skiwandern im Vogelsberg

Im Winter gilt der Vogelsberg als ein beliebtes Wintersportgebiet. Neben Rodelbahnen und mehreren Abfahrtspisten mit Aufstiegshilfen stehen Loipen für Skilangläufer und Skiwanderer zur Verfügung. Besonders die Loipen im Oberwald gelten als schneesicher, und sie können in der Regel bis Ende März genutzt werden.

Das umfangreiche Loipennetz ist doppelt gespurt, und es wird mit modernen Geräten vom Forstamt Schotten und dem Zweckverband Naturpark Hoher Vogelsberg unterhalten. Es bietet vor allem Skiwanderern die Möglichkeit, sich in der tiefverschneiten Vogelsberglandschaft sportlich zu betätigen, die Natur im Winter zu erleben und sich aktiv zu erholen. Die Loipen sind nach Schwierigkeitsgraden mit der international gebräuchlichen Markierung gut gekennzeichnet und miteinander verbunden. Dadurch besteht für Skiwanderer die Möglichkeit, von einer auf die andere Loipe überzuwechseln und die Länge der Skiwanderung selbst zu bestimmen.

Sobald im Vogelsberg der erste Schnee fällt, betreibt das Verkehrsamt Schotten rund um die Uhr das »Vogelsberger Schneetelefon« mit aktuellen Berichten über Schneeverhältnisse, Wetterlage, Inbetriebnahme der Skilifte und der Loipen sowie über den Straßenzustand. Die Auskünfte sind über die **Tel.-Nr.: (06044) 6666** zu erhalten.

Besonders im Winter gilt es, die Grundsätze des Naturschutzes zu beachten, denn die freilebenden Tiere benötigen in dieser für sie kargen Jahreszeit Ruhe. Die Loipen sind entsprechend angelegt, und sie umgehen die Ruhe- und Schutzzonen. Es ergeht daher immer wieder die Bitte, die gespurten Loipen nicht zu verlassen, um das Wild nicht zu stören.

Der Einstieg in die **Taufstein-Loipe** befindet sich am Fuß des **Gipfels** an der Oberwaldstraße. Von dem hier stehenden Loipenhaus führt eine wahlweise als 3 km, 5 km oder 7 km zu laufende Rundstrecke durch den Oberwald. Eine Übersichtstafel sowie Holzschilder in der Loipe mit Farbmarkierungen geben dem Langläufer einen Überblick über den Streckenverlauf.

Die **Köhlerwald-Loipe** beginnt gegenüber dem Loipenhaus (Taufsteinloipe) am großen Parkplatz. Diese Loipe besteht aus zwei Rundkursen unterschiedlicher Länge und Schwierigkeitsgrade.

Die **Hainerwald-Loipe** mit zwei Rundkursen beginnt rd. 100 m hinter dem Parkplatz Taufsteinhütte, in der Nähe der Jugendherberge (DJH).

Die **Loipe Grebenhainer Berg** beginnt und endet an der B 275 zwischen Hartmannshain und Grebenhain am Naturparkparkplatz. Der Loipeneinstieg ist direkt an der Einfahrt zum Parkplatz zu finden. Diese Loipe ist auch vom Parkplatz am Berggasthaus Herchenhainer Höhe über einen ausgeschilderten breiten Waldweg erreichbar.

Zwischen den Loipen Grebenhainer Berg und Köhlerwald besteht eine gespurte Verbindung.

Die **Bermutshain-Loipe** beginnt am Rand der Ortschaft Bermutshain. Sie ist wahlweise als 2 km, 5 km und 10 km lange Rundstrekke zu laufen.

Die **Flutlichtloipe** auf dem Hoherodskopf unterhalb des Sendeturmes beginnt unmittelbar hinter der Schutzhütte.

Die **Stadt Ulrichstein** unterhält ebenfalls Langlaufloipen.

Loipe	Länge (km)	Höhe	Grad	Markierung
Taufstein	3	720–765	leicht	blauer Punkt
	5	690–765	mittel	roter Punkt
	7	670–765	schwer	schwarzer Punkt
Köhlerwald	2	690–730	leicht	blauer Punkt
	6	665–730	mittel	roter Punkt
Hainerwald	2	670–730	leicht	blauer Punkt
	5	605–730	schwer	schwarzer Punkt
Grebenhainer Berg	6,5	535–710	schwer	schwarzer Punkt
Bermutshain	10	482–574	leicht	blauer Punkt
	5		leicht	blauer Punkt
	2		leicht	blauer Punkt
Flutlichtloipe (Hoherodskopf)	1,4	727–751	mittel	roter Punkt

Skiabfahrt am Breungeshainer Hang. Blick zum Hoherodskopf mit den Sendetürmen und dem Berggasthaus, dem Clubhaus des VHC

Markierungszeichen der Wanderwege des VHC

▲ blaues Dreieck
Gießen – 8 km – Hangelstein – 10 – Beuern – 3 – Bersrod – 5 – Wirberg – 5 – Grünberg – 6 – Weickartshain – 4 – Freienseen – 6 – Oberseener Hof – 3 – Petershainer Hof – 5 – Feldkrücker Höhe – 7 – **Hoherodskopf** = 62 km

▬ gelbes Band
Gießen – 6 km – Annerod – 6 – Albach – 12 – Münster – 7 – Laubach – 10 – Oberseener Hof – 7 – Rudingshain – 5 – Hoherodskopf – 1 – Taufstein – 6 – Herchenhainer Höhe (Ehrenmal) – 3 – Hartmannshain – 4 – Volkartshain – 6 – Kirchbracht – 7 – Birstein – 5 – Eisenhammer – 2 – Schlierbach – 7 – **Wächtersbach** = 94 km

✖ blaues Andreas-Kreuz
Europäischer Fernwanderweg Nr. 3:
Atlantik – Ardennen – Böhmerwald
Butzbach – 8 km – Münzenberg – 6 – Bellersheim – 6 – Hungen – 19 – Schotten – 8 – Bilstein – 3 – Hoherodskopf – 8 – Lanzenhain – 5 – Herbstein – 11 – Blankenau – 17 – **Fulda** = 91 km

○ gelber Ring
Laubach – 5 km – Gonterskirchen – 6 – Falltorhaus – 3 – Schotten – 4 – Weidmühlen – 4 – Sauborn – 2 – Rehberg – 4 – Herchenhain – 2 – **Hartmannshain** = 30 km

▬ grünes Band
Gedern – 2 km – Gederner See – 7 – Eschenrod – 4 – Schotten – 2 – Betzenrod – 3 – Flugplatz – 4 – Feldkrücken – 4 – **Ulrichstein** = 26 km

○ roter Ring
Schotten – 3 km – Michelbach – 4 – Gackerstein – 3 – Hoherodskopf – 6 – Burg – 4 – Grebenhain – 5 – Nieder-Moos – 2 – Gunzenau – 5 – Reinhards – 4 – Hintersteinau – 4 – Wallroth – 7 – **Schlüchtern** = 47 km

● blauer Punkt
Gießen – 13 km – Großen-Buseck – 5 – Bersrod – 6 – Geilshausen – 13 – Nieder-Ohmen – 11 – **Ober-Ohmen** = 48 km

rotes Band
Nidda – 5 km – Michelnau – 9 – Zwiefalten – 8 – Bilstein – 3 – Hoherodskopf – 1 – Taufstein – 2 – Landgrafenborn – 7 – **Ulrichstein** = 35 km

grünes Dreieck
Echzell – 9 km – Bad Salzhausen – 2 – Nidda – 13 – Streithain – 6 – Gedern – 8 – Nieder-Seemen – 2 – Bösgesäß – 5 – **Birstein** = 45 km

blauer Ring
Bad Nauheim – 5 km – Steinfurth – 9 – Münzenberg – 6 – Kloster Arnsburg – 4 – Lich – 9 – Nonnenroth – 8 – Laubach – 8 – Jägerhaus – 8 – Petershainer Hof – 6 – Ulrichstein – 9 – Dirlammen – 9 – Lauterbach – 7 – Steinberg – 8 – **Schlitz** = 96 km

grünes Andreaskreuz
Friedberg – 4 km – Ossenheim – 7 – Sternbacher Kirche – 6 – Kloster Engelthal – 3 – Altenstadt – 8 – (Limeswanderweg) Langen-Bergheim – 6 – Ronneburg – 5 – Mittel-Gründau – 2 – Hain-Gründau – 7 – **Gelnhausen** = 48 km

rotes Kreuz
Echzell – 9 km – Bad Salzhausen – 6 – Haubenmühle – 13 – Schotten – 5 – Rudingshain – 5 – Forellenteiche – 2 – Hoherodskopf – 3 – Schwarzer Fluß – 5 – **Hochwaldhausen** = 48 km

rot-weißes Band
Frankfurt/-Seckbach – 1 km – Lohrberg – 3 – Bergen – 15 – (über Hohe Straße) Ostheim – 9 – Langen-Bergheim – 7 – Grauer Stein – 2 – Herrnhaag – 5 – Büdingen – 6 – Michelau – 8 – Wenings – 6 – Ober-Seemen – 6 – Volkartshain – 3 – Hartmannshain – 3 – Herchenhainer Höhe – 5 – Taufstein – 1 – Hoherodskopf – 7 – Feldkrücker Höhe – 6 – Ulrichstein – 10 – Groß-Felda – 10 – Oberrod – 5 – **Alsfeld** = 118 km

gelbes Kreuz
Langenselbold – 11 km – Ronneburg – 4 – Vonhausen – 5 – Büdingen – 10 – Bindsachsen – 6 – Wenings – 5 – Gedern – 9 – Herchenhain – 6 – Hoherodskopf – 9 – Ulrichstein – 8 – Totenköppel – 1 – Meiches – 7 – Allmenrod – 6 – **Lauterbach** = 87 km

grünes Kreuz
Gelnhausen – 8 km – Hain-Gründau – 7 – Büdingen – 11 – Gelnhaar – 3 – Hirzenhain – 7 – Gedern – 6 – Burkhards – 5 – Bilstein – 3 – **Hoherodskopf** = 50 km

---

blaues Band
Wächtersbach – 5 km – Wittgenborn – 13 – Büdingen – 11 – Bergheim – 4 – Eckartsborn – 4 – Eschberg – 5 – Nidda – 6 – Ulfa – 10 – Laubach – 8 – Grünberg – 3 – Stangenrod – 3 – Atzenhain – 7 – Schadenbach – 5 – **Homberg/Ohm** = 84 km

---

rotes Dreieck
Blankenau – 2 km – Steigertal – 6 – Nösberts – 5 – Grebenhain – 5 – Herchenhain – 3 – Alte Burg – 7 – Gederner See – 5 – Glashütten – 3 – Hillersbach Stausee – 5 – Eckartsborn – 4 – Bieberberg – 5 – **Stockheim**= 50 km

---

blaues Kreuz
Schlitz – 5 km – Sängersberg – 4 – Bad Salzschlirf – 9 – Hainig – 3 – Lauterbach – 5 – Schloß Eisenbach – 3 – Auhof – 3 – Schalksbachteiche – 8 – Jagdhütte Annettenborn – 3 – Landgrafenborn – 4 – **Hoherodskopf** = 47 km

---

gelbes Andreaskreuz
Ober-Ohmen – 4 km – Groß-Eichen – 4 – Stockhausen – 7 – **Grünberg** = 15 km

---

rotes Andreaskreuz
Alsfeld – 12 km – Storndorf – 6 – Köddingen – 6 – Ulrichstein – 8 – Alte Höhe – 5 – Schreinersmühle – 6 – **Laubach** = 43 km

---

grünes H
Rundwanderweg: Hoherodskopf – Taufstein – Niddaquelle – Hochmoor – Forellenteiche – Taufsteinhütte – **Hoherodskopf** = 8 km

---

schwarzer Limesturm
Limes-Wanderweg: Butzbach – 11 km – Römerturm Pohlheim – 8 – Kloster Arnsburg – 10 – Hungen – 4 – Inheidener See – 2 – Steinheim – 2 – Unter-Widdersheim – 7 – Bisses – 3 – Bingenheim – 6 – Staden – 6 – Altenstadt – 8 – Langen-Bergheim – 7 – Ravolzhausen – 3 – Langendiebach – 3 – **Rückingen** = 80 km

---

weißes Dreieck
Herrnhaag – 2 km – Vonhausen – 13 – (Reffenstraße) Leisenwald – 5 – Hitzkirchen – 6 – Fischborn – 6 – Radmühl – 9 – Reichlos – 8 – Pfaffenrod – 9 – Giesel – 8 – Sickels – 4 – **Fulda** = 70 km

zwei weiße parallele Bänder
Stockheim – 5 km – Ortenberg – 5 – Hirzenhain – 6 – Schönhausen – 3 – Wenings – 5 – Kefenrod – 4 – Leisenwald – 2 – Waldensberg – 7 – Breitenborn – 8 – **Gelnhausen** = 45 km

---

weißer Punkt
Grünberg – 7 km – Ettingshausen – 10 – **Lich** = 17 km

---

blaues Band
Alsfeld (Fulder Tor) – 6 km – Eifa – 7 – Bieben – 2 – Schloß Herzberg – 4 – Grebenau – 13 – (Knotenweg) Kugelberg – 3 – **Lauterbach** = 35 km

---

V rotes V
Birstein – 1 km – Ober-Sotzbach – 2 – Waschweiher – 3 – Salz-Mühle – 1 – Sarrod – 2 – Ulmbach – 6 – Ohlkopf – 4 – **Schlüchtern** = 19 km

---

N weißes N
Hirzenhain – 5 km – Unter-Lais – 3 – Fauerbach – 4 – **Nidda** = 12 km

---

weißer Punkt
Nidda – 3 km – Wallernhausen – 2 – Eschberg – 4 – Bellmuth – 1 – Bieberberg – 2 – Effolderbach – 2 – **Stockheim** = 14 km

---

T weißes T
Bleichetal (Anschl. grünes +) – 3 km – Usenborn – 5 – Hirzenhain – 3 – Glashütten – 11 – Bilstein – 3 – Hoherodskopf – 1 – **Taufstein** = 26 km

---

blauer Punkt
Schlüchtern – 2 km – Acisbrunnen – 2 – Ohlkopf – 2 – Schafsteg – 2 – Teufelshöhle – 5 – Marborn – 6 – **Bad Soden-Salmünster** = 19 km

---

weißes Andreaskreuz
Sternweg: Hagen – Diemelsee – Frankenberg – Amöneburg – Homberg/Ohm – Ulrichstein – Hoherodskopf **Teilstück: Ruppertenrod** – 2 km – Ober-Ohmen – 6 – Ober-Seibertenrod – 4 – **Ulrichstein** – ab Ulrichstein – 10 – Hoherodskopf auf rotem Band ▬ = 22 km

---

F blaues F
Fuldawanderweg: von der Quelle bis zur Mündung **Teilstück: Lüdermünd** – 2 km – Abzw. Hemmen – 4 – Abzw. Hartershausen – 2 – Üllershausen – 3 – Pfordt – 5 – Hutzdorf – 2 – Sandlofs – 4 – Abzw. Rimbach – 2 – **Unterschwarz** = 24 km

Übernachtungsmöglichkeiten – Anschriften der Fremdenverkehrsämter und Jugendherbergen

Es erscheint nicht ratsam, in diesen Wanderführer ein Verzeichnis der gastronomischen Betriebe aufzunehmen. Die Fremdenverkehrsorganisation in dem beschriebenen Gebiet ist darauf eingestellt, bei der Vermittlung von Quartieren zu helfen. Wanderer wenden sich daher an die nachfolgend genannten Verbände oder an die Verkehrsämter der Städte und Gemeinden:

Fremdenverkehrsverband Vogelsberg + Wetterau
Goldhelg 20, 6420 Lauterbach, Tel.: (06641) 85323

Fremdenverkehrsämter im Gebiet des Vogelsberges:

Alsfeld
Städt. Verkehrsbüro
Rittergasse 3–5
6320 Alsfeld
Tel.: (06631) 18224

Antrifttal
Gemeindeverwaltung
6327 Antrifttal
Tel.: (06631) 5392

Bad Salzschlirf
Kurverwaltung
Im Kurpark 4
6427 Bad Salzschlirf
Tel.: (06648) 18161

Feldatal
Fremdenverkehrsverein
Postfach
6324 Feldatal – Groß-Felda
Tel.: (06637) 460

Freiensteinau
Verkehrsverein
Kirchstraße 11
6494 Freiensteinau – Nieder-Moos
Tel.: (06666) 412

Gemünden
Gemeindeverwaltung
6316 Gemünden
Tel.: (06634) 565

Grebenau
Stadtverwaltung
6325 Grebenau
Tel.: (06646) 514

Grebenhain
Gemeindeverwaltung
6424 Grebenhain
Tel.: (06644) 7051

Herbstein
Verkehrsamt-Rathaus
6422 Herbstein
Tel.: (06643) 221

Homberg
Verkehrsamt
Postfach 27
6313 Homberg/Ohm
Tel.: (06633) 811

Kirtorf
Stadtverwaltung
6322 Kirtorf
Tel.: (06635) 212

Lauterbach
Verkehrsamt
Postfach 78
6420 Lauterbach
Tel.: (06641) 18412

Lautertal
Gemeindeverwaltung
Rathausstraße 3
6425 Lautertal/Vogelsberg
Tel.: (06643) 8041

Mücke
Verkehrsamt
Im Herrnhain 2
6315 Mücke-Merlau
Tel.: (06400) 8001

Romrod
Stadtverwaltung
6326 Romrod
Tel.: (06636) 562

Schlitz
Verkehrsamt-Rathaus
6407 Schlitz
Tel.: (06642) 5051

Schotten
Verkehrsamt-Stadtverwaltung
Vogelsbergstraße 184
6479 Schotten
Tel.: (06044) 660

Schwalmtal
Gemeindeverwaltung
6323 Schwalmtal
Tel.: (06638) 1275

Ulrichstein
Verkehrsamt-Stadtverwaltung
Hauptstraße 9
6314 Ulrichstein
Tel.: (06645) 1515

Wartenberg
Heimat- u. Verkehrsverein
6423 Wartenberg
Tel.: (06641) 7015

Fremdenverkehrsämter im Gebiet des Wetteraukreises:

Altenstadt
Gemeindeverwaltung
6472 Altenstadt
Tel.: (06047) 362

Bad Nauheim
Kurverwaltung
Postfach 1760
6350 Bad Nauheim
Tel.: (06032) 3441

Bad Salzhausen
Kurverwaltung
6478 Nidda 11
Tel.: (06043) 561

Bad Vilbel
Kur- u. Verkehrsbüro
Niddastraße 1
6368 Bad Vilbel
Tel.: (06101) 602247

Büdingen
Städt. Verkehrsamt
Auf dem Damm 2
6470 Büdingen
Tel.: (06042) 3091

Butzbach
Stadtverwaltung
6308 Butzbach
Tel.: (06033) 8950

Echzell
Gemeindeverwaltung
6363 Echzell
Tel.: (06008) 204

Florstadt
Gemeindeverwaltung
6364 Florstadt
Tel.: (06035) 5051

Friedberg
Stadthallenverwaltung
Postfach 2227
6360 Friedberg
Tel.: (06031) 9887

Gedern
Verkehrsbüro
Postfach 1150
6473 Gedern
Tel.: (06045) 333

Glauburg
Gemeindeverwaltung
6475 Glauburg
Tel.: (06041) 1031

Hirzenhain
Gemeindeverwaltung
Karl-Birx-Straße 30
6476 Hirzenhain
Tel.: (06045) 377

Karben
Stadtverwaltung
6367 Karben
Tel.: (06039) 4810

Kefenrod
Gemeindeverwaltung
6471 Kefenrod
Tel.: (06049) 7111

Limeshain
Gemeindeverwaltung
6477 Limeshain
Tel.: (06048) 7301

Münzenberg
Stadtverwaltung
6309 Münzenberg
Tel.: (06033) 6222

Nidda
Verkehrsamt
Schloßgasse 34
6478 Nidda
Tel.: (06043) 911

Niddatal
Stadtverwaltung
Hauptstraße 2
6361 Niddatal 1
Tel.: (06034) 2024

Ortenberg
Verkehrsamt
Lauterbacher Str. 2
6474 Ortenberg
Tel.: (06046) 7966

Ranstadt
Gemeindeverwaltung
6479 Ranstadt
Tel.: (06041) 1083

Reichelsheim/Wetterau
Stadtverwaltung
6361 Reichelsheim/Wetterau
Tel.: (06035) 3044

Rockenberg
Gemeindeverwaltung
6309 Rockenberg
Tel.: (06033) 6906

Rosbach v.d.H.
Stadtverwaltung
6365 Rosbach v.d.H.
Tel.: (06003) 275

Wölfersheim
Gemeindeverwaltung
6366 Wölfersheim
Tel.: (06036) 407

Wöllstadt
Gemeindeverwaltung
6362 Wöllstadt
Tel.: (06034) 3051

Fremdenverkehrsämter im Gebiet Vogelsberg – Kreis Gießen:

Allendorf (Lumda)
Stadtverwaltung
6301 Allendorf (Lumda)
Tel.: (06407) 7045

Buseck
Gemeindeverwaltung
6305 Buseck
Tel.: (06408) 3041

Fernwald
Gemeindeverwaltung
6301 Fernwald
Tel.: (06404) 2091

Stadt Gießen
Verkehrsamt
Ostanlage 25 (Villa Leutert)
6300 Gießen
Tel.: (0641) 306 21 88

Grünberg
Fremdenverkehrsamt
Rabegasse 1
6310 Grünberg
Tel.: (06401) 7045

Hungen
Verkehrsamt
Kaiserstraße 7
6303 Hungen
Tel.: (06402) 2038

Lang-Göns
Gemeindeverwaltung
6306 Lang-Göns
Tel.: (06403) 5026

Laubach
Kurverwaltung
Postfach 2
6312 Laubach
Tel.: (06405) 281

Lich
Fremdenverkehrsamt
Unterstadt 1
6302 Lich
Tel.: (06404) 2037

Linden
Stadtverwaltung
6301 Linden
Tel.: (06403) 6557

Lollar
Stadtverwaltung
6304 Lollar
Tel.: (06406) 870

Pohlheim
Stadtverwaltung
6301 Pohlheim
Tel.: (06403) 6528

Rabenau
Gemeindeverwaltung
6301 Rabenau
Tel.: (06407) 7051

Reiskirchen
Gemeindeverwaltung
6301 Reiskirchen
Tel.: (06408) 6061

Staufenberg
Stadtverwaltung
6301 Staufenberg
Tel.: (06406) 4041

Fremdenverkehrsverband Kinzig-Spessart-Südlicher Vogelsberg
Barbarossastraße 20, 6460 Gelnhausen, Tel.: (06051) 85278

Bad Soden-Salmünster
Kurverwaltung
6483 Bad Soden-Salmünster
Tel.: (06056) 2051

Birstein
Gemeindeverwaltung-Rathaus
6484 Birstein 1
Tel.: (06054) 2001

Brachttal
Gemeindeverwaltung-Rathaus
6486 Brachttal 1
Tel.: (06053) 2481

Gelnhausen
Städt. Verkehrsbüro
Obermarkt 7
6460 Gelnhausen 1
Tel.: (06051) 8200–54

Hammersbach
Gemeindeverwaltung
Hauptstraße 20
6451 Hammersbach-Marköbel
Tel.: (06185) 326

Ronneburg
Gemeindeverwaltung
Schulstraße 9
6451 Ronneburg 1-Hüttengesäß
Tel.: (06184) 3336

Schlüchtern
Stadtverwaltung-Rathaus
6490 Schlüchtern 1
Tel.: (06661) 850

Steinau a.d. Straße
Städt. Verkehrsbüro-Amtshaus
6497 Steinau an der Straße
Tel.: (06663) 6336

Wächtersbach
Verkehrs- u. Gewerbeverein e.V.
Am Schloßgarten 1
6480 Wächtersbach 1
Tel.: (06053) 9213

Jugendherbergen des DJH im Gebiet der Wetterau und des Vogelsberges

DJH Büdingen
Auf dem Berge
6470 Büdingen
Tel.: (06042) 3697

DJH Fulda
Neuenberger Str. 107
6400 Fulda
Tel.: (0661) 73389

DJH Gelnhausen
Schützengraben 5
6460 Gelnhausen
Tel.: (06051) 4424

DJH Gießen
R.-Schirrmann-Weg 53
6300 Gießen
Tel.: (0641) 65879

DJH Hoherodskopf
Haus der Jugend
6479 Schotten 12
Tel.: (06044) 2760

DJH Laubach
Am Ramsberg
6312 Laubach
Tel.: (06405) 1376

DJH Lauterbach
Schlitzer Str. 50
6420 Lauterbach
Tel.: (06641) 2181

DJH Schlitz
Marktplatz 2
6407 Schlitz
Tel.: (06642) 400

DJH Schotten
Lindenweg 17
6479 Schotten
Tel.: (06044) 2354

Ortsverzeichnis

Albach 70, 112
Allmenrod 46, 88, 146
Alsfeld 15, 37, 49, 50, 90f., **93**, 110, 149f.
Alteburgskopf 20, 46
Altefeldbach 108
Alten-Buseck 136
Altenstadt 96, **97**, 98, 100
Altwiedermus 88, **89**
Annerod 70, 112
Arnsburg 86, **87**, 98, 100, 136
Aulendiebach 134f.
Bad Nauheim 86, **87**
Bad Salzhausen 84, **85**
Bad Salzschlirf 108, **109**, 113, 128, 150
Bellersheim 72, 74
Bergen 90, **92**
Bergheim 104, 132, 144
Bermuthshain 56
Bersrod 136
Betzenrod 80, 138
Beuern 136
Bieben 110, **111**, 149
Bilstein 19f., 55, 72, **74**, 76, 102, 112, 126, 141, 144, 148
Bindsachsen 88, **89**
Bingenheim 98
Birstein 70, **71**, 140, 142f.
Bisses 98
Blankenau 72, **74**, 106
Bleichenbach 104, 115, 132, 134
Blitzenrod 129
Breungeshain 48, 56, **126**
Breungeshainer Heide 20, 28, 56, **121**
Büdingen 15, 37, 47, 49f., 88, 90f., **92**, 102, 104, 115, 134, 140f., 144f.
Burg 82, **83**, 142, 144
Burkhards 49, 102, 141
Busenborn 72, 74, 126, 148
Butzbach 72, **73**, 98
Crainfeld 48, 50
Dirlammen 86
Dorf-Güll 137
Düdelsheim 134
Echzell 84, **85**, 100
Eckartsborn 104, 106, **107**, 132, 144
Effolderbach 106, **107**, 132
Eichelbach 72, 115, 126
Eichelsdorf 46, 84
Eichenrod 46
Eifa 110, **111**, 149
Eisenbach 50, 108, **109**, 112, 147, 150
Eisenberg 149
Eisenhammer 70, 140
Ellersbach 73
Engelrod 47
Engelthal 96, **97**
Ernstberg 56
Eschenrod 46, 80, 115, 139
Falltorhaus 78, **79**, 112, 148
Fauerbach bei Friedberg 96
Feldkrücken 65, 80, 91, **93**, 127, 138
Feldkrücker Höhe 90f., 127
Fischborn 94f., 143
Fliede 15, 22
Flösserhaus 73, 82ff., 148
Forellenteiche 56, 84, 91ff., 108, **120**, 127
Frankfurt/M. 90, **92**
Freienseen 146
Friedberg 22, 96, **97**
Fulda 15, 47, 72, **75**, 94, 113
Gackerstein 19, 82, **83**, 126
Gambach 99
Gedern 22, 48ff., 80, **81**, 88, 102, 114, 138f., 141, 144f.
Gederner See 80, **81**, 102, 106, 114, 139
Geiselstein 19f., 55, 76, **123**, 127
Geiß-Nidda 84, **85**
Gelnhaar 102, **103**, 115, 141
Gelnhausen 96, 102, **103**, 140f.
Giesel 94f.
Gießen 15, 37, 70, **71**, 112, 136
Glashütten 106, **107**

Glauberg **107**, 134
Glauburg **107**, 132
Göbelnrod 136
Goldwiese **123**
Gonterskirchen 78, 112, 148
Grebenau 110, **111**, 149
Grebenhain 82, **83**, 106, 142, 144
Griedel 72, 74
Groß-Felda 90f., **93**
Groß-Krotzenburg 98, 101
Grünberg 49f., 104, **105**, 114, 136, 146, 148
Grüningen 99f.
Gunzenau 82, **83**, 142
Hain-Gründau 96, 102, 141
Hainig 108, **109**, 113, **129**, 150
Hangelstein 136, **137**
Hartmannshain 70, 78, **79**, 90f., 140, 142
Haubenmühle 84, 104, 144
Herbstein 22, 46, 49f., 72, **74**, 147
Herchenhain **79**, 88, 106, 138, 142, 144
Herchenhainer Höhe 20, 46, 64, 70, **71**, 90f., 125, 140, 142
Herrnhaag 88, **89**, 90f., 94
Herzberg, Schloß 110, **111**, 149
Hillersbach 56, 80, 106, **107**, 115, 132
Hintersteinau 82, **83**, 142
Hirzenhain 102, **103**, 115, 141
Hitzkirchen 94f.
Hochmoor 28, 55, 76, 108, **121**
Hochwaldhausen 63, 84, **85**, 125, 144
Hoherodskopf 70f., **77**, 82f., 88f., 102, 120f., 138f., 142f.
Holzheim 99
Homberg/Ohm 104, **105**
Horloff 78, 86, 100, 104, 148
Hosenfeld 95
Hungen 15, 72, **74**, 98, 100
Ilbeshausen 46, 50, 125
Inheidener See 98, 100
Jossa 110, 149
Kaulstoß 46
Kiliansherberge 78, **79**, 112
Kinzig 82, 88, 102, 140
Kirchbracht 70, 140, 142
Kleinheiligkreuz 73, **75**
Köddingen 149
Kölzenhain 86
Konradsdorf 132, **133**, 135
Landenhausen 108, **109**, 113
Landgrafenborn 76, 108, 112, **122**, 127, 138, 150
Langen-Bergheim 90, **92**, 94, 96
Langenselbold 88, **89**
Lanzenhain 72, **74**, 147f.
Laubach 37, 46, 49f., 70, 78, **79**, 86, 104, 112, 114, 136, 148
Lauter bei Laubach 104, 108, 114, 136
Lauter bei Lauterbach 22, 128
Lauterbach 15, 46, 49f., 86, 88, 108, 110, **111**, 112, 129, 146f., 149f.
Lauterbacher Graben 20, **128**
Leisenwald 94f.
Lich 49f., 86, **87**, 136
Liederbach **93**
Limes 90, 92, 96, **98**
Lingelbach 110, 149
Lißberg 47, 132, **133**
Lohrberg 90, **92**
Lorbach 88, **89**, 90, 92
Lüder 22, 106
Lumda 136
Marköbel 88, 94, 98, 100
Meiches 88, 146
Merkenfritz 102, **103**, 115, 141
Michelau 88, **89**, 90ff., 145
Michelbach 82, **83**, 126
Michelnau 76
Mittel-Gründau 96
Münster 70, 112
Münzenberg 22, 72, **73**, 86, 137
Neuenberg 73, **75**, 95
Nidda 22, 47, 49, 76, **77**, 104, 144
Niddaquelle 27, 108, **121**
Niddatalsperre 23, 38, 63
Nidder 56, 80, 100, 104, 115, 132, 141
Nieder-Breidenbach 91, **93**
Nieder-Moos 82, **83**, 142

Nieder-Mooser Teich 38, 82, **83**
Nösberts 106, **107**
Nonnenroth 86, **87**, 136
Ober-Mockstadt 46
Ober-Moos 38, 56
Ober-Seemen 90f., **92**
Oberseener Hof 70, 146
Oberwald 17, 19f., 24, 27, 120ff.
Ohm 22, 127
Ortenberg 132, **133**
Ossenheim 96
Ostheim 90, 92
Petershainer Hof 86, 146
Pfaffenrod 94f.
Pfordt 113, 128
Pohlheim 98, 100
Radmühl 94f.
Rainrod 46
Ravolzhausen 98
Reffenstraße **94**, 102, 104
Reichlos 94f.
Reichloser Teich 56, 82, **83**, 95, 143
Reinhards 82, **83**, 142
Rommelhausen 100
Romrod 49
Ronneburg 88, **89**, 96
Ronneburger Hügelland 96, 135
Rotenbachteich 38, 56
Rudingshain 70, 84, **85**
Rückingen 98
Sängersberg 108, 113, 128, 150
Salz 22, 142
Sarrod 142
Seckbach 90
Seemenbach 95, 102, 134
Selters 132, **133**
Sieben Ahorn 20, 76, **77**, 127, 139
Sieberzmühle 95
Schadenbach 104
Schalksbachteiche 108, 112, 147, 150
Schiffenberg 136, **137**
Schleuningsteine 65, 80, **81**
Schlierbach 70, 140
Schlitz 86, 108, **109**, 113, 128, 149f.
Schlitzer Land 15, 108
Schlüchtern 82, **83**, 142
Schotten 48ff., 72, **74**, 78, 80ff., 112f., 126, 138f., 144, 148
Schwalm 22, 150
Schwarzer Fluß (Schwarzbach) 63, 82, 84, 125, 144, 148
Schwickartshausen 132
Staden 98, 100
Stangenrod 104
Steigertal 106
Steinau **143**
Steinfurth (Bad Nauheim) 86, **87**
Steinheim 98
Sternbacher Kirche 96, **97**
Stockhausen 20, 46
Stockheim 106, 132
Storndorf 149
Stornfels 49, 72, **74**
Stumpertenrod 91, **93**
Taufstein 20, 27, 47, 54, 56, 70, 76, 90ff., **123**, 127, 138, 140ff.
Teufelsmühle **85**, 125
Totenköppel 88, 146
Trais-Münzenberg 86, **87**
Udenhausen 110
Ulfa 84, 104
Ulmbach 142
Ulrichstein 19, 48ff., **77**, 80, 86ff., **127**, 138, 146, 149f.
Unter-Widdersheim 98
Vaitshain 106, **107**
Volkartshain 70, 90f., **92**, 140, 142
Vonhausen 88, **89**, 94
Wächtersbach 70, **71**, 104, 140
Wallernhausen 104
Weidmühlen 78, **79**
Weickartshain 146
Wallroth 82, **83**, 142
Wenings 88, **89**, 90ff., 102, 115, 145
Wetter 86, 104, 136
Wickstadt 96, **97**
Wieseck 136
Windecken 96, 100
Wingershausen 48, 115
Winnerod 136
Wirberg 136, **137**
Wittgenborn 104
Wolf 134f.
Zwiefalten 49, 76, **77**

Literatur

Baatz, D,: Der römische Limes, Archäologische Ausflüge zwischen Rhein und Donau, Gebr. Mann Verlag, Berlin 1974
Förderkreis Alte Kirchen e.V.: Fachwerkkirchen in Hessen, Reihe: Die Blauen Bücher, K.R. Langewiesche Nachf. H. Köster, Königstein im Ts., 3. Aufl. 1983
Häring/Klein: DuMont Kunst-Reiseführer Hessen, 6. Aufl. 1985
Hysky-Dambmann, H./Kühneman, K.: Schotten, Herz des Vogelsberges, Brühlscher Verlag, Gießen 1985
Knauß, E.: Gießen, Vergangenheit und Gegenwart, Brühlscher Verlag, Gießen 1981
Kühnemann, K./Eurich, G.: Der Vogelsberg, Portrait eines Mittelgebirges, Brühlscher Verlag, Gießen, 2. Aufl. 1984
Milius, E.: Das Städtepaar Friedberg—Bad Nauheim, Heidenheimer Verlagsanstalt 1972
Müller, Ch.: Alte Straßen und Wege in Oberhessen, Erster Teil: Das Gebiet zwischen Kinzig und Nidder mit 5 Karten, 1 Anlage und 5 Abbildungen, Hessischer Staatsverlag, Darmstadt 1928
Schormann/Weigel: Universitätsstadt Gießen, edition Gießen 1981
Schulze/Uhlig: Gießener Geographischer Exkursionsführer, Band II und III, Brühlscher Verlag, Gießen 1982
Söllner, M.: Wanderungen zu ur- und frühgeschichtlichen Stätten Oberhessens, Brühlscher Verlag, Gießen, 2. Aufl. 1981
Söllner, M.: Im Trockenmeer der Wetterau, Erdkundlich-geschichtlicher Wanderführer, Verlag Gratzfeld, Butzbach, 3. Aufl. 1978
Wack, B.: Alle Sehenswürdigkeiten in Hessen, bewa-Werbedruck, Hohenahr, 1. Aufl. 1986
Wagner, W.: 1025 Jahre Nidda, Die Geschichte einer alten, liebenswerten Stadt, Selbstverlag Stadt Nidda 1976
Walbe, H.: Das hessisch-fränkische Fachwerk, Brühlscher Verlag, Gießen 1979

Fotonachweis

Eurich, Georg, Lauterbach: Seiten 14, 18, 21, 23, 29, 31, 47, 48, 51, 52, 65, 101, 122, 124, 130, 138, 145, 147
Grandhomme, Wilhelm, Schotten: Seite 154 und Titelfoto
Immke, Karl Heinz, Lauterbach: Seite 131
Kreisbildstelle Friedberg: Seite 75
Schäfer, Jürgen, Dorlar: Zeichnung der Übersichtskarte Seiten 10/11